DIGGA, heute koche ich!

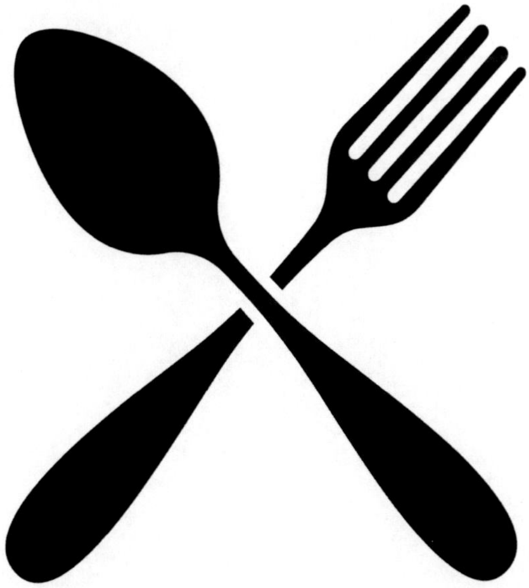

Finn Bergmann

Inhaltverzeichnis

EINLEITUNG

Kochen ist langweilig? Von wegen! „DIGGA, heute koche ich!“ zeigt dir, wie du mit einfachen Mitteln leckere Gerichte zauberst, die nicht nur mega schmecken, sondern auch Spaß machen. Egal, ob du noch nie in der Küche gestanden hast oder schon ein bisschen Erfahrung mitbringst – dieses Buch macht dich zum Kochprofi in deiner eigenen Küche.

Viele denken, Kochen sei kompliziert, zeitaufwendig oder nur was für Erwachsene. Das stimmt nicht! Mit den richtigen Rezepten, ein paar Grundzutaten und einem Hauch Kreativität kannst auch du richtig durchstarten. In diesem Buch findest du 100 Rezepte, die so gestaltet sind, dass sie garantiert gelingen – egal, ob du dich zum ersten Mal an den Herd wagst oder schon regelmäßig mit Pfannen und Töpfen jonglierst.

Was erwartet dich hier? Alles, was du brauchst! Von schnellen Snacks und einfachen Frühstücksideen bis hin zu deftigen Hauptgerichten und süßen Desserts – du wirst immer etwas finden, das dir schmeckt. Und keine Sorge: Die Rezepte sind so einfach geschrieben, dass du sie ohne Probleme umsetzen kannst. Zusätzlich gibt es viele Tipps und Tricks, damit nichts schiefgeht. Kochen ist mehr als nur Essen zubereiten – es ist kreativ, es macht Spaß, und es gibt dir das Gefühl, etwas richtig Cooles selbst zu schaffen. Außerdem kannst du deine Familie und Freunde beeindrucken oder einfach nur stolz auf dich sein, wenn du dein eigenes Gericht auf den Tisch stellst.

Also: Lass die Tiefkühlpizza im Eisfach und die Fertiggerichte im Supermarkt. Jetzt bist du dran. Ran an die Töpfe, DIGGA – du wirst sehen, wie einfach und genial Kochen sein kann!

Omelett

Omelett wird als Basis für kunstvolle Sushi-Spezialitätenz in der asiatischen Küche verwendet. Dabei kann ein Omelett auch ein einfaches, unkompliziertes und gesundes Frühstück sein kann.

Schwierigkeitsgrad: *einfach*
Dauer: *10 Min.*

Zutaten für 1 Portion:

- 3 große Eier
- 1 Schuss Milch
- 50 g geriebener Käse (z.B. Emmentaler)
- Salz
- Pfeffer
- Butter zum Braten

So geht's:

In einer Bratpfanne die Butter schmelzen. Währenddessen Eier, Salz und Pfeffer in einer Schüssel mit einer Gabel verquirlen. Einen Schuss Milch hinzugeben, salzen und pfeffern. Die Eiermasse in die heiße Bratpfanne gießen und bei mittlerer Hitze stocken lassen (3-4 Minuten). Das Omelett mit einem Spatel am Rand immer wieder anheben, um flüssige Ränder in die Mitte zu schieben. Dann aus der Pfanne herausnehmen, in der Mitte falten und auf den Teller legen.

Rührei

Rührei ist ein leckerer, proteinreicher Klassiker. Er eignet sich auch toll zur Resteverwertung. Von der Tomate bis zum Champignon kann alles einfach mitgebraten werden und schmeckt toll dazu.

Tipp: zum Rührei kann jeder Pfeffer verwendet werden, besonders lecker schmeckt frisch gemahlener grober schwarzer Pfeffer.

Schwierigkeitsgrad: *einfach*
Dauer: *5 Min.*

Zutaten für 1 Portion:

» 2-3 große Eier
» 15 g (ca. 1 EL) Butter
» Salz
» Pfeffer
» Öl

So geht's:

Das Öl in der Bratpfanne auf maximaler Stufe erhitzen. Die Butter in der Mikrowelle leicht schmelzen. Die Eier aufschlagen und in einer Schüssel mit der Butter, Salz und Pfeffer vermischen. Die Eiermasse in die heiße Bratpfanne geben, kurz anbraten und dann die Hitze herunterdrehen. Jetzt das Ei ständig rühren, bis Bröckchen entstehen. Wenn diese fest sind, ist das Rührei fertig.

Grilled Cheese Toast

Was gibt es Besseres als geschmolzenen Käse? Auf diesem reichhaltigen Sandwich kommt er voll zur Geltung.

Tipp: um das Grilled Cheese Sandwich gesünder zu machen und Reste zu verwerten, kann es auch mit einer Scheibe Tomate, Gurke oder einem Salatblatt belegt werden.

Schwierigkeitsgrad: einfach

Dauer: 5 Min.

Zutaten für 1 Portion:

» 2 Scheiben Toastbrot
» 1-2 Käse-Scheibletten
» 1-2 Scheiben Kochschinken
» Butter
» Öl

So geht's:

Das Toastbrot toasten und sofort von beiden Seiten mit Butter bestreichen. Die Butter muss auf dem Toast schmelzen. In einer Bratpfanne Öl erhitzen. Das Toastbrot mit Käse-Scheibletten und Schinken belegen. Das Sandwich in die heiße Bratpfanne legen und von beiden Seiten 1-2 Minuten auf mittlerer Hitze anbraten, bis der Käse schmilzt.

Haferbrei (oder "Overnight Oats")

"Overnight Oats" sind eigentlich nichts anderes als Haferbrei - nur, dass er sich im Kühlschrank über Nacht von selbst macht. Hafer ist nicht nur gesund, er hält auch lange satt und lässt sich für etwas Abwechslung unendlich variieren.

Schwierigkeitsgrad: einfach

Dauer: 5 Min. Zubereitungszeit, 8h Ziehzeit

Zutaten für 1 Glas:

» 160 g Haferflocken
» 200 ml Milch
» Zimt
» Frisches Obst nach Geschmack

So geht's:

Die Haferflocken in ein Glas geben und mit der Milch bedecken. Umrühren, dabei nach Geschmack Zimt unterrühren. Das Glas über Nacht in den Kühlschrank stellen und am Morgen nach Geschmack mit frischem Obst toppen.

English Breakfast

Ein englisches Frühstück ist ein schneller Klassiker und bietet einen deftigen Start in den Tag. Ganz kalorienarm ist es zwar nicht, dafür aber lecker.

Schwierigkeitsgrad: einfach
Dauer: 15 Min.

Zutaten für 1 Portion:

» 2 Bratwürste
» 4 Scheiben Bacon
» 2 große Eier
» 1/2 Dose gebackene Bohnen in Tomatensoße ("Baked Beans")
» 2 Scheiben Toastbrot
» Butter
» Öl

So geht's:

In einer kleinen Pfanne die Bohnen bei mittlerer Hitze erwärmen.

Öl in der Bratpfanne erhitzen. Nacheinander darin den Bacon und die Bratwürste anbraten. Der Bacon kann auf ein Stück Küchenkrepp zum Abtropfen gelegt werden, wenn er sehr fettig geworden ist. Beides auf den Frühstücksteller legen.

Danach in der gleichen Pfanne die Eier aufschlagen und zum Spiegelei braten (3-4 Minuten auf mittlerer Hitze). Falls notwendig, noch etwas mehr Öl hinzufügen. Die fertigen Spiegeleier zum Bacon und den Würsten auf den Teller legen.

Das Toastbrot toasten, mit Butter bestreichen und quer durchschneiden, um Dreiecke zu erhalten. Das Toastbrot und die fertigen warmen Bohnen auf den Teller legen und genießen.

Pfannkuchen mit Füllung

Pfannkuchen kennt jeder aus der Kindheit - als Leckerei zwischendurch, pikant gefüllt als Abendessen oder auch mal zum Frühstück. Sie sind gar nicht schwer, der Grundteig ist schnell hergestellt und sie lassen sich mit allem füllen, was schmeckt.

Schwierigkeitsgrad: einfach
Dauer: 20 Min.

Zutaten für 8 Pfannkuchen:

» 2 Eier
» 200 g Mehl
» 200 ml Milch
» 50-100 ml Mineralwasser mit Sprudel
» Prise Salz
» Butter oder Öl zum Anbraten
» Füllung (z.B. Nutella, Marmelade, frische Früchte)

So geht's:

Eier und Milch in einer Schüssel oder einem hohen Gefäß mit dem Mixer schaumig schlagen. Eine Prise Salz hinzufügen (wirklich nur einige wenige Salzkörner, sonst schmecken die Pfannkuchen salzig). Das Mehl nach und nach hinzufügen und verrühren. Es muss eine zähflüssige Masse ohne Klumpen entstehen.

Die Butter oder das Öl in einer großen Bratpfanne erhitzen. Mit einem Löffel ca. 1/8 des Pfannkuchenteiges in die Pfanne geben, bis der Boden dünn bedeckt ist. Auf hoher Hitze anbraten, bis sich der Pfannkuchen leicht vom Boden lösen lässt. Dann wenden und von der anderen Seite anbraten (hier reicht weniger Hitze). Zum Füllen werden die fertigen Pfannkuchen mit der gewünschten Füllung belegt oder bestrichen und einfach eingerollt.

Quark-Bowl

Magerquark? Gesund ist er, der Geschmack und die Konsistenz tragen aber nicht gerade zu seiner Beliebtheit bei. Anders ist das bei dieser leckeren, gesunden Quark-Bowl, denn durch den Joghurt wird daraus eine leckere Köstlichkeit. So fällt es leicht, an das benötigte Protein zu kommen.

Schwierigkeitsgrad: einfach
Dauer: 5 Min.

Zutaten für 1 Portion:

» 200 g Magerquark
» 200 g Naturjoghurt oder Joghurt mit Geschmack
» 80 g Haferflocken
» 1 Banane
» Handvoll Heidelbeeren
» Honig zum Beträufeln

So geht's:

In einer Schüssel den Magerquark mit dem Joghurt und den Haferflocken verrühren. Es soll eine homogene Masse, ohne Klümpchen entstehen. Das Ganze kurz stehen lassen (ca. 5 Minuten), damit die Haferflocken Flüssigkeit aufnehmen können und schön weich werden. In der Zwischenzeit die Banane in Scheiben schneiden und zusammen mit den frischen Heidelbeeren die Bowl damit toppen. Zum Schluss mit Honig beträufeln und genießen: Tipp: Honig gibt es in praktischen Quetsch-Flaschen zu kaufen, damit lassen sich schöne feine Linien auf der Bowl ziehen.

French Toast mit Erdbeeren

Immer nur schnödes Toast zum Frühstück? Das ist mit der Zeit natürlich langweilig, also wie wäre es stattdessen mit French Toast mit gesundem Topping? Ob es nun Erdbeeren oder anderes Obst ist, ist bei diesem einfachen, aber leckeren Frühstück zweitrangig.

Schwierigkeitsgrad: einfach
Dauer: 15 Min.

Zutaten für 1 Portion (4 Stück):

» 4 Scheiben Toast
» 2 Eier
» 150 ml Milch
» 1 TL Zucker
» 2 EL Butter
» Handvoll frische Erdbeeren
» Puderzucker
» Honig

So geht's:

Eier und Milch in einer kleinen Auflaufform oder einer Brotdose miteinander verrühren. Die ungetoasteten Toastscheiben in die Eier-Milch-Mischung legen und ca. 5 Minuten ziehen lassen. Das Brot muss sich schön vollsaugen.

In der Zwischenzeit Butter in einer Bratpfanne schmelzen. Das Toastbrot in die heiße Pfanne legen und von jeder Seite anbraten, bis es goldbraun wird. In der Zwischenzeit die Erdbeeren waschen, das Grüne abtrennen und die Früchte halbieren.

Das fertige Toast auf dem Teller anrichten und mit Erdbeeren dekorieren. Nach Geschmack mit etwas Puderzucker bestreuen und mit Honig beträufeln. Tipp: der Puderzucker kann sofort aufs heiße French Toast gegeben werden und wird dann etwas karamellisieren. Wer das nicht möchte, sollte ihn zuletzt aufs Toast streuen, dann bleibt er puderig weiß.

Einfaches Shakshuka

Shakshuka- was ist das denn schon wieder? Dieses israelische Gericht hört sich kompliziert an, ist aber eine der einfachsten deftigen Frühstücksideen der Welt. Versunkene Eier in einer würzigen Tomaten-Paprikasoße- was sich nach viel Arbeit anhört, geht ganz schnell und ist ganz nebenbei ein tolles Katerfrühstück.

Schwierigkeitsgrad: *einfach*
Dauer: *25 Min.*

Zutaten für 1 Portion:

- 2 Eier
- 1/2 Dose geschälte Tomaten, fein gehackt
- 1/2 rote Paprika
- 1/2 Zwiebel
- 1 Knoblauchzehe
- 100 g Feta (optional)
- 1 TL Paprikapulver
- 1 TL Chilipulver oder Cayennepfeffer
- Öl zum Braten
- Salz
- Pfeffer
- Toastbrot (getoastet) nach Appetit

So geht's:

Den Backofen auf 200 Grad vorheizen.

Die Zwiebel in feine, dünne Streifen schneiden. Den Knoblauch pressen. Beides in einer Bratpfanne mit Öl anbraten, bis die Zwiebeln glasig werden. Die Paprika in Streifen schneiden und kurz mitbraten. Tomaten und Gewürze hinzugeben, kurz aufkochen. In der Zwischenzeit den Feta würfeln.

Jetzt die Eier vorsichtig am Pfannenrand aufschlagen und in die Tomatensoße gleiten lassen. Die Pfanne mit dem Feta toppen und für 8-10 Minuten im Ofen backen, bis die Eier gestockt sind.

Serviert wird das Frühstück in der Pfanne. Das getoastete Brot wird einfach in die Soße gedippt und die Eier mit Gabel oder Löffel gegessen.

Ofenpfannkuchen – süß oder deftig

Pfannkuchen müssen nicht immer aus der Pfanne kommen. Der Ofenpfannkuchen ist eine schnelle, einfache und lange satt machende Alternative. Er wird im Topf gemacht, alle Zutaten werden einfach verrührt und kommen in den Ofen. Es gibt eine süße und eine deftige Variante.

Schwierigkeitsgrad: einfach
Dauer: 25 Min.

Zutaten für 1 Ofenpfannkuchen:

» Für den Teig:
» 3 Eier
» 80 g Mehl
» 160 ml Milch
» 1 Esslöffel Zucker (nur für die süße Variante, sonst weglassen)
» 1 Prise(n) Salz
» 40 g Butter

Für pikantes Topping:
» Handvoll geriebener Käse
» 1-2 Scheiben Schinken

Für süßes Topping:
» Marmelade und frische Früchte nach Geschmack

So geht's:

Den Ofen auf 220 Grad vorheizen.

Alle Zutaten bis auf die Butter in einer Schüssel miteinander vermischen. Die Pfanne in den Ofen stellen, sie muss an den Rändern heiß sein. Die Butter in die Pfanne geben und im Ofen schmelzen. Sie sollte leicht blubbern, dann hat sie die richtige Temperatur. Der Teig wird direkt in die Pfanne gegeben, verteilt und für ca. 20 Minuten in den Ofen gestellt. Dann die Hitze auf 150 Grad reduzieren und weitere 5 Minuten backen.

Währenddessen die Früchte schneiden oder den Schinken in feine Streifen schneiden.

Für den süßen Ofenpfannkuchen: aus dem Ofen nehmen, 1-2 Minuten abkühlen lassen und mit Marmelade und frischen Früchten belegen.

Für den pikanten Ofenpfannkuchen: aus dem Ofen nehmen und sofort mit geriebenem Käse bestreuen. Ca. 1 Minute abwarten, bis er anschmilzt. Dann mit Schinkenstreifen belegen und genießen.

Brokkolicremesuppe

Brokkolicremesuppe ist ein schneller, leckerer Klassiker, der nicht nur an ganz kalten Tagen schmeckt. Als Vorspeise ist sie toll geeignet, da sie nicht extrem sättigt und auch in kleinen Portionen schön aussieht.

Schwierigkeitsgrad: einfach
Dauer: 45 Min.

Zutaten für 4 Portionen:

» 1 Zwiebel, fein gehackt
» 4-5 große Kartoffeln (mehlig kochend) oder fertiges Kartoffelpüree
» 300 g Brokkoli
» 500 ml Gemüsebrühe
» 200 g Crème fraîche oder saure Sahne
» 1 TL Paprikapulver
» Salz
» Pfeffer
» Optional: geriebener Cheddarkäse
» Optional: Baguettebrot zum Dippen

Utensilien: Großer Topf, idealerweise Pürierstab, ansonsten Gabel oder breites Glas

Zubereitung:

Die Kartoffeln in Salzwasser ca. 30 Minuten weich kochen oder das fertige Kartoffelpüree nach Anweisung zubereiten. Den Brokkoli in Röschen zerteilen und weich kochen, ca. 10 Minuten. Die Kartoffeln mit Pürierstab pürieren oder alternativ mit der Unterseite eines Glases oder einer Gabel zerdrücken. Den Brokkoli ebenfalls pürieren oder sehr fein hacken.

Die Zwiebeln fein hacken und in Öl anbraten, bis sie glasig werden. Mit Brühe ablöschen, Kartoffelpüree und Brokkoli unterrühren. Crème fraîche (für mehr Cremigkeit) oder saure Sahne (für weniger Fett) unterrühren und ca. 5 Minuten auf mittlerer Hitze köcheln lassen. Paprikapulver unterrühren, salzen und pfeffern. Das Baguette nach Anweisung aufbacken und servieren.

Optional die Suppe mit geriebenem Käse bestreuen.

Hühnersuppe

Hühnersuppe ist nicht nur eine tolle Vorspeise, sondern hilft auch bei Erkältungen.
Das liegt am enthaltenen Cystein, das Entzündungen hemmt.

Schwierigkeitsgrad: einfach
Dauer: 2-3 Stunden.

Zutaten für 4 Portionen:

» 1 ganzes Suppenhuhn (alternativ 500 g Hähnchenbrust oder Hühnerklein)
» 1 Bund Suppengrün (Karotte, Lauch, Staudensellerie)
» 1 Bund frische Petersilie
» 1l Hühnerbrühe
» Salz
» Pfeffer
» 1 EL Butter
» optional: 1-2 Eiweiße
» Reis oder Suppennudeln als Einlage

Utensilien: Großer Topf

Zubereitung:

Das Suppenhuhn in 1,5 l Salzwasser ca. 2-3 Stunden kochen, bis sich das Fleisch leicht ablösen lässt. Hühnerbrustfilet wird gewürfelt und direkt in die Suppe gegeben, Hühnerklein ebenfalls in Salzwasser gekocht (es braucht aber wesentlich weniger Zeit).

Das Suppengrün nach Geschmack fein würfeln oder gröber hacken. Die Petersilie ebenfalls fein hacken.

Suppenhuhn aus dem Wasser nehmen und in mundgerechte Bissen zerteilen. Die Brühe NICHT wegschütten! In die Brühe das Gemüse geben und ca. 30 Minuten weichkochen. Die Fleischstücke dazugeben, mit Instant-Brühe, Salz und Pfeffer würzen.

Reis oder Suppennudeln nach Anweisung zubereiten und ganz zum Schluss in die Suppe geben. Die frische Petersilie in den letzten 5 Minuten dazugeben.

Für Eierstich Eiweiße trennen und einfach in die Suppe fließen lassen, dabei kräftig umrühren. Das Ei wird sich zerteilen und stocken.

Tipp: wenn Hühnerbrustfilet verwendet wird, braucht die Suppe zusätzliches Fett. Hier hilft 1 EL Butter, der einfach in die Suppe gegeben wird.

Tomatensuppe

Diese cremige, fruchtige Tomatensuppe sieht auf den ersten Blick einfach aus, hat es aber in sich. Das Geheimnis ist der Schuss Orangensaft, der ihr eine ganz besondere Note verleiht.

Schwierigkeitsgrad: einfach.
Dauer: 30 Minuten.

Zutaten für 4 Portionen:

- » 1 Zwiebel
- » 500 ml passierte Tomaten
- » 1 Dose fein gehackte Tomaten
- » 200 g Crème fraîche
- » 50 g Parmesan
- » 1 Orange (oder 1 Schuss Orangensaft und geriebene Orangenschale aus der Backabteilung)
- » 1 Schuss Balsamico-Creme
- » 1 Prise Zucker
- » Salz
- » Pfeffer
- » 2 TL italienische Kräutermischung, trocken oder TK
- » Schuss Olivenöl

Utensilien: Großer Topf

Zubereitung:

Die Zwiebel fein hacken und in Öl anbraten, bis sie glasig wird. Dann nach und nach die passierten und gehackten Tomaten dazugeben.

Die Orange wird ausgepresst und die Schale mit einer Reibe abgerieben. Beides wird der Suppe hinzugefügt. Alternativ reichen ein Schuss frischer Orangensaft und die Orangenschale aus der Backabteilung.

Die Suppe ca. 5 Minuten auf mittlerer Hitze köcheln lassen. Dann mit einer kleinen Prise Zucker, Salz, Pfeffer und Balsamico nach Geschmack abschmecken. Die trockenen oder TK-Kräuter unterrühren.

Die Hitze reduzieren und die Suppe mit Crème fraîche und Parmesan abrunden. Sie ist fertig, wenn die Crème fraîche sich mit der Suppe verbunden hat.

Kartoffelsuppe mit Wienern

Kartoffelsuppe ist ein gehaltvoller Klassiker, der gut sättigt und sich auch aufheben lässt. Mit den Wienern als Einlage schmeckt die Kartoffelsuppe einfach jedem.

Schwierigkeitsgrad: *einfach.*

Dauer: *1 Stunde*

Zutaten für 4 Portionen:

» 800 g mehlig kochende Kartoffeln (oder die gleiche Menge fertiges Kartoffelpüree)
» 1 Zwiebel
» 1 Bund Suppengrün (Lauch, Karotte, Staudensellerie, Petersilie)
» 200 g saure Sahne
» 1l Gemüsebrühe
» 1 TL Kümmelsamen
» Salz
» Pfeffer
» 4 Wiener Würstchen

Utensilien: Großer Topf, Pürierstab (alternativ Gabel oder Glas mit breiter Unterseite)

Zubereitung:

Die Kartoffeln würfeln und ca. 30 Minuten kochen, bis sie weich sind. Dann entweder pürieren oder mit Gabel oder Glasunterseite zu Püree zerdrücken. Wer keinen Pürierstab besitzt, kann auch fertiges Kartoffelpüree verwenden.

Die Gemüsebrühe anrühren und im Topf erhitzen. Das Suppengrün fein hacken und weichkochen. Optional kann es püriert werden, oder es wird von vornherein sehr fein gehackt. Das Kartoffelpüree dazugeben, saure Sahne und Gewürze unterrühren und kurz auf mittlerer Hitze kochen lassen.

Die Wiener in Scheiben schneiden und mit in die Suppe geben, bis sie warm sind.

Zucchinisuppe im Brötchen

Zucchinisuppe ist eine gute Möglichkeit, die sommerliche Zucchini-Flut zu bewältigen. Im Brötchen serviert sieht das Ganze auch noch toll aus und macht als Vorspeise etwas her.

Schwierigkeitsgrad: einfach.
Dauer: 1 Stunde

Zutaten für 4 Portionen:

» 4 runde Brötchen, z.B. Kaiserbrötchen
» 1/2 Zwiebel
» 500 g mehlig kochende Kartoffeln (alternativ fertiges Kartoffelpüree)
» 2-3 große Zucchini
» 500 ml Gemüsebrühe
» 200 g saure Sahne
» 1 TL Kümmelsamen
» Salz
» Pfeffer

Utensilien: Großer Topf, Pürierstab (alternativ Gabel oder Unterseite eines breiten Glases)

Zubereitung:

Die Kartoffeln würfeln und kochen, bis sie weich sind. Dann mit einer Gabel oder einem breiten Glas zerdrücken. Alternativ fertiges Kartoffelpüree nach Anweisung zubereiten.

Die Zucchini entweder würfeln, kurz anbraten und zusammen mit den Kartoffeln pürieren - oder sehr fein hacken, anbraten und unter die Kartoffeln heben, wenn kein Pürierstab zur Stelle ist.

Die Zwiebeln sehr fein hacken und im Topf anbraten, bis sie glasig werden. Die Gemüsebrühe anrühren und zusammen mit dem Püree im Zwiebel-Topf aufkochen. Saure Sahne unterrühren und die Gewürze dazugeben. Ca. 5 Minuten auf mittlerer Hitze köcheln lassen.

Die Brötchen schneiden, aber nicht hälftig, sondern eher "dreivierteln" - die oben abgeschnittene Hälfte sollte so klein wie möglich sein. Dann aushöhlen, damit eine Schale entsteht.

Die Suppe in die Brötchenschalen füllen, "Deckel" aufsetzen und servieren.

Kürbissuppe

Kürbissuppe ist ein herbstlicher Suppen-Klassiker, der auch zu jeder anderen Jahreszeit schmeckt.

Tipp: Kürbis gibt es außerhalb der Saison oft tiefgekühlt, das erspart auch die Arbeit mit einem frischen Kürbis. Wer das Rezept aufpeppen will, kann die Suppe mit Kürbiskernen oder für einen besonders edlen Touch mit feinem Kürbiskernöl servieren.

Schwierigkeitsgrad: einfach.

» Dauer: 1 Stunde
» Zutaten für 4 Portionen:
» 2 mehlig kochende Kartoffeln (alternativ fertiges Kartoffelpüree)
» 1 kg Hokkaido-Kürbis
» 1 Zwiebel
» 1l Gemüsebrühe
» 100 ml Sahne
» 2 Stiele frische Petersilie
» Salz
» Pfeffer

Utensilien: Pürierstab (oder Gabel/Glasunterseite), großer Topf

Zubereitung:

Die Kartoffeln würfeln. Die Zwiebel fein hacken. Den Kürbis halbieren, von Fasern und Kernen befreien und würfeln. Zuerst die Zwiebel glasig anbraten, dann Kartoffeln und Kürbis mitbraten und mit Gemüsebrühe ablöschen. Ca. 30 Minuten köcheln.

Ist kein Pürierstab vorhanden, kann alternativ fertiges Kartoffelpüree verwendet werden. Hier den Kürbis sehr fein hacken und wie oben verfahren, das Püree am Ende unterrühren.

Die Suppe mit Sahne und den übrigen Gewürzen abschmecken. Kurz aufkochen, mit frischer gehackter Petersilie garnieren und servieren.

Linsen-Sahne-Suppe

Achtung, jetzt wird es lecker! Linsen sind alles andere als langweilig, wie diese feurige, aber nicht zu scharfe Suppe beweist.

Tipp: um diese Suppe richtig scharfzumachen, kann optional eine Chilischote fein gehackt und mit der Zwiebel zusammen angebraten werden.

Schwierigkeitsgrad: *einfach.*
Dauer: *ca. 30 Minuten.*

Zutaten für 4 Portionen:

- 200 g rote Linsen
- 1 Dose fein gehackte Tomaten
- 400 ml Sahne
- 500 ml Gemüsebrühe
- 1 Zwiebel
- 3 TL Chilipulver
- 2 TL Currypulver
- Salz
- optional Chiliflocken
- optional Kokosflocken oder Raspeln

Utensilien: Großer Topf

Zubereitung:

Die Linsen nach Packungsanleitung zubereiten und abgießen.

Die Zwiebel fein hacken und glasig anbraten. Mit den Tomaten und der Gemüsebrühe ablöschen, 5 Minuten aufkochen und dann auf mittlere Hitze reduzieren. Nacheinander die Sahne, Linsen und die Gewürze unterrühren und ca. 10 Minuten köcheln lassen. Mit Salz abschmecken.

Zum Servieren kann die Suppe mit Kokosflocken oder -raspeln sowie Chiliflocken bestreut werden.

Curry-Lauchsuppe mit Hähnchen

Lauch ist langweilig? Ganz und gar nicht? In Kombination mit Curry ist
er eine echte Liebesgeschichte und schmeckt jedem.

Tipp: Sahne-Schmelzkäse ist ein Brotaufstrich, den es im Kühlregal gibt. Mit verschiedenen Geschmacksrichtungen lassen sich hier spannende Alternativen kreieren.

Schwierigkeitsgrad: einfach
Dauer: ca. 30 Minuten.

Zutaten für 4 Portionen:

» 500 g Hähnchenbrust
» 1 Stange Lauch
» 200 g weiße Champignons
» 1 rote Paprika
» 1 Zwiebel
» 200 g Sahne-Schmelzkäse
» 500 ml Hühnerbrühe (instant)
» 100 ml Sahne
» 1 EL Currypulver
» 1 TL Chilipulver
» 2 Stängel frische Petersilie
» Salz
» Pfeffer

Utensilien: Großer Topf

Zubereitung:

Den Lauch waschen und in ca. 5 mm breite Ringe schneiden. Die Zwiebel fein würfeln und in etwas Öl glasig braten, den Lauch kurz mitbraten. Auf einem Teller beiseite stellen.

Die Hähnchenfilets würfeln und scharf anbraten. Die Paprika waschen, vierteln und in breite Streifen schneiden, diese werden in den letzten Minuten gemeinsam mit dem Hähnchen angebraten. Auf einem weiteren Teller beiseite stellen.

Zuletzt die Champignons in Streifen schneiden und in der gleichen Pfanne bei hoher Hitze anbraten.

Gemüsebrühe und Sahne sowie alle Gewürze in den Topf geben und aufkochen. Den Streichkäse darin auflösen. Nacheinander Hähnchen und dann das Gemüse unterrühren, ca. 5 Minuten bei schwacher Hitze köcheln lassen, die Petersilie hacken und unterrühren und servieren.

Holländische Käsesuppe

Was gibt es Besseres als Käse? Mit dieser Käsesuppe kommen Käse-Fans voll auf ihre Kosten und sie eignet sich dennoch als Vorspeise, da sie nicht zu sehr sättigt.

Tipp: Schmelzkäse gibt es als Brotaufstrich in verschiedenen Geschmacksrichtungen, z.B. auch mit Gouda- oder Cheddar-Geschmack für Abwechslung im Suppentopf.

Schwierigkeitsgrad: einfach.
Dauer: ca. 30 Minuten.

Zutaten für 4 Portionen:

- 500 g Hackfleisch
- 200 g Sahne-Schmelzkäse
- 200 g Schmand
- 500 ml Gemüsebrühe
- 1 Stange Lauch
- 1 EL Currypulver
- Salz
- Pfeffer

Utensilien: Großer Topf

Zubereitung:

Den Lauch waschen und in ca. 5 mm breite Ringe schneiden. Das Hackfleisch in etwas Öl anbraten, bis es zerbröselt. Die Lauchringe ganz zum Schluss kurz mitbraten. Währenddessen die Gemüsebrühe ansetzen und das Fleisch damit ablöschen.

Den Sahne-Schmelzkäse in der Brühe auflösen, dann den Schmand dazugeben und bei mittlerer Hitze ca. 5 Minuten köcheln lassen. Mit Curry, Salz und Pfeffer abschmecken und servieren.

Minestrone

Italienische Minestrone ist eine tomatige Gemüsesuppe, die sich ideal als Vorspeise eignet und eine Extra-Portion Vitamine in sich hat. Sie kommt mit wenig aus und bringt viel Geschmack auf den Teller.

Schwierigkeitsgrad: *einfach.*
Dauer: *ca. 30 Minuten.*

Zutaten für 4 Portionen:

» 1 Knoblauchzehe
» 1 Zwiebel
» 1 Stange Staudensellerie
» 1 Karotte
» 1 Kartoffel
» 1 Zucchini
» 1-2 Tomaten
» 100 g grüne Bohnen
» 50 g gewürfelter Speck
» 1l Gemüsebrühe
» 1 EL Tomatenmark
» 1/2 Bund Basilikum
» 50 g Parmesan
» 30 g Butter
» 25 ml Olivenöl
» 50 g Parmesanrinde
» Salz
» Pfeffer

Utensilien: Großer Topf

Zubereitung:

Den Knoblauch pressen. Zwiebeln, Sellerie, Karotten, Kartoffeln, Bohnen, Tomaten und Zucchini kleinschneiden. Die Speckwürfel in Butter und Öl anbraten. Dann nacheinander das Gemüse hinzugeben: zuerst Zwiebeln und Knoblauch, dann alles bis auf die Tomaten. Diese kommen zum Schluss dazu.

Das Gemüse mit Deckel bei niedriger Hitze 15 Minuten garen lassen.

Tomatenmark in den Topf geben und kurz anbraten lassen. Dann mit Gemüsebrühe ablöschen und diese kurz aufkochen lassen. Die Parmesanrinde in den Topf geben und die Minestrone ca. 1h köcheln lassen. Die Runde wird danach entfernt. Die fertige Suppe salzen und pfeffern und servieren.

Nudelsalat

Was darf auf keiner Grillfeier fehlen? Nudelsalat! Es gibt ihn in unzähligen Variationen und manchmal sogar mit Zutaten, die keiner vermuten würde. Zunächst aber braucht es das richtige Basisrezept - wie dieses.

Schwierigkeitsgrad: *einfach*
Dauer: *30 Min.*

Zutaten für 4 Portionen:

» 500 g Nudeln (z.B. Penne)
» 200 g Erbsen
» 200 g Mais
» 500 g Joghurt
» 200 g Mayonnaise
» 150 g Fleischwurst
» 1/2 Glas Gewürzgurken (Achtung, Gurkenflüssigkeit aufheben!)
» 2 EL Instant-Gemüsebrühe
» 1 TL Paprikapulver
» 1 TL Knoblauchpulver

Utensilien: große Schüssel

Zubereitung:

Die Nudeln nach Packungsanleitung in Salzwasser bissfest kochen. Abgießen und beiseite stellen.

Gurken in Scheiben schneiden, die Fleischwurst nach Belieben in mehr oder wenige grobe Streifen schneiden.

In einer großen Schüssel Joghurt, Mayonnaise, Hühnerbrühe, Paprikapulver und Knoblauchpulver vermischen. Nach und nach Gurkenwasser unterrühren, die Konsistenz sollte dabei cremig bleiben. Dann die Masse zu den Nudeln geben. Mais, Erbsen, Gurken und die Fleischwurst hinzufügen und alle Zutaten miteinander vermengen.

Der Nudelsalat muss nicht durchziehen, er kann kurz kalt gestellt und dann serviert werden.

Kartoffelsalat

Kartoffelsalat darf ebenfalls auf keiner Grillfeier fehlen und ist eine tolle Sättigungsbeilage.
Mit diesem Grundrezept gelingt er immer und lädt zu Variationen ein.

Tipp: etwas Baguette mit Kräuterbutter schmeckt als Beilage toll dazu.

Schwierigkeitsgrad: einfach
Dauer: ca. 2 Stunden.

Zutaten für 4 Portionen:

» 2 kg Kartoffeln (festkochend oder vorwiegend festkochend)
» 1 Zwiebel
» 150 ml Gemüsebrühe
» 2 EL Weißweinessig
» 2 EL Dijonsenf
» 150 g Mayonnaise
» 4 Gewürzgurken (Achtung, Gurkenflüssigkeit aufheben!)

Utensilien: große Schüssel

Zubereitung:

Die Kartoffeln schälen und in Salzwasser ca. 45 Minuten gar kochen. Abgießen und erkalten lassen. Dann in dünne Scheiben schneiden.

In einer Bratpfanne mit etwas Öl die Zwiebel glasig anbraten, dann in der gleichen Pfanne die Brühe aufkochen. Essig dazugeben, vom Herd nehmen und abkühlen lassen. Den Senf in die kalte Brühe geben, über die Kartoffelscheiben geben und ziehen lassen.

Die Gewürzgurke fein würfeln und mit der Mayo mischen. Nach und nach etwas Gurkenwasser unterrühren, die Konsistenz muss aber cremig bleiben. Das Ganze mit dem Rest vermengen und ziehen lassen.

Der Kartoffelsalat kann entweder sofort oder nach kurzer Zeit im Kühlschrank serviert werden.

Caesar Salad mit Hähnchen

Mit Salat gewinnt man keine Freunde? Mit diesem schon, denn Hunger hat nach dieser vollwertigen Mahlzeit niemand mehr, wenn die Portion mal größer ausfällt. Als Vorspeise eignet er sich als kleine Portion aufgrund der geschmacklichen Vielfalt ebenfalls.

Schwierigkeitsgrad: *einfach.*
Dauer: *ca. 30 Minuten*

Zutaten für 4 Portionen:

Für den Salat:

» 500 g Hühnerbrustfilet
» 250 g Kirschtomaten
» 1 großer Romanasalat
» 2 EL Öl
» 1 TL Paprikapulver
» Salz
» Pfeffer
» Croûtons nach Geschmack

Fürs Dressing:

» 2 Knoblauchzehen
» 2 EL Olivenöl
» 50 g Joghurt
» 2 EL Zitronensaft
» 2 TL Senf
» 50 g Parmesanspäne

Utensilien: große Schüssel, Salatschleuder, Shaker fürs Dressing (optional)

Zubereitung:

Hähnchenbrustfilet waschen, trocken tupfen und in Streifen schneiden. Öl mit dem Paprikapulver, Salz und Pfeffer mischen und die Hähnchenstreifen 30 Minuten im Kühlschrank darin marinieren.In der Zwischenzeit den Romanasalat grob hacken, unter fließendem Wasser waschen und schleudern. Die Kirschtomaten halbieren.

Fürs Dressing alle Zutaten bis auf den Parmesan in einem Shaker oder einem anderen hohen Gefäß miteinander verrühren.

Dann das Hähnchen in der Bratpfanne mit etwas Öl von allen Seiten anbraten, bis das Hähnchen gar ist. Auf dem Salat platzieren und nach Geschmack mit Dressing, Croûtons und Parmesan garnieren.

Griechischer Bauernsalat mit Feta

Bei diesem Salat geht es mediterran und rustikal zu. Die intensiven Geschmäcker von Feta und roten Zwiebeln treffen aufeinander, genau das Richtige für heiße Sommertage.

Schwierigkeitsgrad: einfach.
Dauer: ca. 30 Minuten.

Zutaten für 4 Portionen:

» Für den Salat:
» 1 Romanasalat
» 1 Salatgurke
» 2 rote Paprika
» 500 g Tomaten
» 1 rote Zwiebel
» 80 g grüne oder schwarze Oliven
» 200 g Feta

Fürs Dressing:
» 4 EL Olivenöl
» 1 EL Rotweinessig
» 2 EL Zitronensaft
» 1 Knoblauchzehe
» 1 TL Oregano
» Salz
» Pfeffer

Utensilien: große Schüssel, Salatschleuder, Shaker fürs Dressing (optional)

Zubereitung:

Den Romanasalat grob hacken, unter fließendem Wasser waschen, schleudern und in eine große Schüssel geben. Die restlichen Gemüse-Zutaten in grobe Streifen schneiden, den Feta würfeln. Alles in die Salatschüssel geben.

Fürs Dressing werden alle Zutaten in einen Shaker oder ein anderes hohes Gefäß gegeben und miteinander verrührt. Das Dressing wird portionsweise über den Salat gegeben.

Tomatensalat

Dieser leichte, aber leckere Tomatensalat braucht nicht viele Zutaten, um zu wirken. Das Geheimnis ist die Prise Zucker, die die Säure der Tomaten neutralisiert. Erst dadurch kommt das Zusammenspiel der fruchtigen Tomate mit der würzigen roten Zwiebel so richtig zur Geltung. Deswegen: nicht weglassen, auch wenn gerade eher auf Zucker verzichtet wird.

Schwierigkeitsgrad: *einfach.*
Dauer: *ca. 20 Minuten.*

Zutaten für 4 Portionen:

» 500 g Tomaten
» 1 rote Zwiebel
» 1 Bund frische Petersilie
» 3 EL Olivenöl
» 2 EL Essig
» 1 TL Zucker
» Salz
» Pfeffer

Utensilien: große Schüssel, Shaker fürs Dressing (optional)

Zubereitung:

Die Tomaten waschen, trocken tupfen und halbieren. Dann jeweils vom Strunk befreien und in mundgerechte Streifen schneiden. In eine große Schüssel geben.

Die roten Zwiebeln sehr fein hacken und unter die Tomaten heben.

Die Petersilie hacken und mit den Tomaten verrühren.

Alle weiteren Zutaten in einem Shaker oder einem anderen hohen Gefäß zum Dressing verrühren und die Tomaten damit überziehen. Gründlich verrühren und kurz stehen lassen, dann servieren.

Frühlingssalat mit Spargel und Erdbeeren

Spargel und Erdbeeren? Was auf den ersten Blick komisch klingt, schmeckt in Wahrheit unvergleichlich gut zusammen. Der etwas nussige Geschmack des grünen Spargels passt hier besonders gut.

Schwierigkeitsgrad: einfach.

Dauer: ca. 20 Min.

Zutaten für 4 Portionen:

» 750 g grüner Spargel
» 250 g Erdbeeren
» 100 g Zucker
» 100 ml weißer Balsamico-Essig

Utensilien: große Schüssel

Zubereitung:

Den Spargel waschen und die Enden abschneiden. Im Salzwasser ca. 5 Minuten blanchieren, dann herausnehmen und in mundgerechte Stücke schneiden. In die Salatschüssel geben.

Die Erdbeeren waschen, halbieren und ebenfalls in die Schüssel geben.

Zucker in einen kleinen Topf geben und bei hoher Hitze unter ständigem Rühren karamellisieren. Er wird braun und leicht flüssig (Achtung, spritzt schnell). Unter Rühren mit 100 ml Wasser ablöschen, Balsamico dazugeben. Salzen, pfeffern und mit Öl abschmecken - fertig ist das Dressing.

Portionsweise mit Dressing beträufeln und servieren.

Taco-Salat

Taco-Chips schmecken nicht nur als Snack, sie ergeben auch einen kreativen und satt machenden Salat. Er erinnert ein wenig an Chili, ist aber leichter.

Schwierigkeitsgrad: einfach.
Dauer: ca. 20 Minuten

Zutaten für 4 Portionen:

» 1 großer Romanasalat
» 500 g Hackfleisch
» 1 Flasche fertige Salsasauce
» 400 g rote Kidneybohnen
» 400 g Mais
» 3 Tomaten
» 200 g Schmand
» 1 Packung Tortillachips
» 1 TL Paprikapulver
» Salz
» Pfeffer

Utensilien: große Salatschüssel, Salatschleuder, Bratpfanne

Zubereitung:

Die Tomaten würfeln. Das Hackfleisch mit etwas Öl in der Pfanne braten. Kidneybohnen und Mais dazugeben und kurz erwärmen. Mit Salsasauce und Schmand ablöschen. Zum Schluss die Tomaten dazugeben und die Mischung mit Paprika, Salz und Pfeffer abschmecken.

Den Romanasalat grob hacken, waschen und trocken schleudern. Die leicht abgekühlte Hackfleischmasse und den Salat in die Salatschüssel geben und verrühren. Mit Taco-Chips toppen und geriebenen Käse nach Geschmack darüber verteilen.

Orientalischer Salat

Dieser orientalische Salat kann mit jeder erdenklichen Grundlage zubereitet werden. Das Original wird mit Couscous gemacht - als etwas größere Portion taugt dieser Salat so auch als Hauptgericht. Er schmeckt aber auch, wenn er aus Bulgur, Reis, Dinkel oder anderen Körnern gemacht wird.

Tipp: wer es scharf mag, kann das Ganze mit Chili oder der orientalischen Würz-Paste Harissa statt Paprikapulver zubereiten.

Schwierigkeitsgrad: einfach.

Dauer: ca. 30 Minuten.

Zutaten für 4 Portionen:

» 500 g Couscous, Bulgur oder jede andere Art von Hartweizengrieß oder Getreide (z.B. Dinkel, Reis, ...)
» 500 g Brokkoli
» 1 große Tomate
» 1 große Karotte
» 1 Zwiebel
» 2 TL scharfes Paprikapulver
» 750 ml Gemüsebrühe
» Salz
» Pfeffer

Utensilien: großer Topf

Zubereitung:

Die Tomate würfeln. Brokkoli in Röschen zerteilen, die Karotte in Scheiben schneiden und die Zwiebel in grobe Stücke hacken.

Couscous, Bulgur oder Reis nach Anweisung in Gemüsebrühe zubereiten und beiseite stellen. Währenddessen die Gemüsebrühe mit Paprikapulver, Salz und Pfeffer abschmecken.

Brokkoli ca. 5 Minuten in Salzwasser blanchieren. Zwiebel anbraten, bis sie glasig wird. Karotten kurz mitbraten, dann das restliche Gemüse erwärmen. Couscous oder Bulgur in die Pfanne geben, mit dem Gemüse verrühren und warm servieren.

American Coleslaw

Coleslaw darf auf keinem US-amerikanischen Grillfest fehlen. Der Kohlsalat ist schnell und einfach gemacht, das Geheimnis besteht eigentlich nur darin, dem Weißkohl vorher die Flüssigkeit zu entziehen. So bleibt der Salat knackfrisch und die Flüssigkeit des Kohls verwässert ihn später nicht auf dem Teller.

Schwierigkeitsgrad: *einfach*
Dauer: *ca. 20 Minuten*

Zutaten für 4 Portionen:

» 800 g Weißkohl
» 200 g Karotten
» 200 g Schmand
» 2 weiße Zwiebeln
» 100 g Mayonnaise
» 2 EL Zitronensaft
» 2 EL Weißweinessig
» 1 TL Senf (mittelscharf)
» 1 TL Zucker
» Salz
» schwarzer Pfeffer, bestenfalls grob

Utensilien: großer Topf, Salatschüssel

Zubereitung:

Den Weißkohl vierteln, die äußeren Blätter nach Bedarf entfernen und keilförmig den Strunk herausschneiden. Waschen und in 2 mm breite Streifen schneiden. In einer großen Schüssel mit Salz bestreuen und 2-3 Minuten stehen lassen, so gibt er Flüssigkeit ab und wird weicher. Dann in einem Küchensieb mit den Händen zerdrücken, es wird noch mehr Flüssigkeit entweichen.

Die Karotten grob reiben. Die Zwiebeln fein würfeln. Beides zum Kohl in die Schüssel geben.

Den Schmand mit allen übrigen Zutaten in einer weiteren Schüssel zu einer cremigen Masse verrühren. Dann das Dressing mit dem Kohl vermengen und entweder direkt oder gekühlt servieren.

Brotsalat

Brotsalat geht einen Schritt weiter und tunkt das Beilagenbrot direkt ins leckere Dressing. Bei dieser mediterranen Variante werden getrocknete Tomaten verwendet, die es im Antipasti-Regal gibt - sie sind jedoch kein Muss.

Schwierigkeitsgrad: einfach.
Dauer: ca. 20 Minuten

Zutaten für 4 Portionen:

Für den Salat:

- 300 g Ciabatta in Würfeln
- 250 g Rucola
- 250 g Kirschtomaten
- 1 rote Zwiebel
- optional: 150 g getrocknete Tomaten in Öl
- 2 Knoblauchzehen
- 100 g gehobelter Parmesan
- 1 Bund frisches Basilikum

Fürs Dressing:

- 6 EL Olivenöl
- 4 EL Balsamico-Creme (dunkel)
- 1/2 TL Honig
- Schuss Zitronensaft
- Salz
- Pfeffer

Utensilien: große Salatschüssel, Salatschleuder, Shaker fürs Dressing

Zubereitung:

Den Rucola waschen und in die Salatschüssel geben.

Eine Pfanne mit Öl benetzen und die Ciabatta-Würfel kurz anrösten. Beides in die Salatschüssel geben. Die rote Zwiebel in feine Streifen schneiden, die Tomaten halbieren und zum Salat geben. Die Knoblauchzehe in feine Würfel hacken und ebenfalls in die Schüssel geben.

Alle Dressing-Zutaten vermengen und entweder shaken oder verrühren. Portionsweise auf den fertigen Salat träufeln.

Lasagne

Lasagne schmeckt immer! Traditionell wird sie mit Béchamel-Soße gemacht, bei dieser Variante beschleunigt aber Crème fraîche den Vorgang. Obwohl diese Lasagne ungekocht sehr klein wirken wird, darf man sie nicht unterschätzen. Sie ist ein echter Sattmacher.

Schwierigkeitsgrad: einfach
Dauer: ca. 45 Minuten.

Zutaten für 4 Portionen:

- 1 Packung Lasagneblätter (am besten frisch)
- 500 g Hackfleisch
- 1 Zwiebel
- 1 Dose Tomaten, fein gehackt
- 200 g Crème fraîche
- 250 ml Traubensaft (rot)
- 200 g geriebener Mozzarella oder Parmesan
- 1 TL Oregano
- 1 TL Rosmarin
- 1 TL Thymian
- Salz
- Pfeffer

Utensilien: Auflaufform

Zubereitung:

Die Zwiebeln fein hacken. In einer Bratpfanne erst die Zwiebeln glasig anbraten und dann das Hackfleisch. Mit Traubensaft nach Geschmack ablöschen (es reichen oft weniger als 250 ml), dann die Tomaten zufügen und aufkochen. Mit Kräutern, Salz und Pfeffer abschmecken, ca. 5 Minuten bei mittlerer Hitze köcheln lassen und von der Hitze nehmen.

Den Ofen auf 200 °C vorheizen. In die Auflaufform erst eine dünne Schicht Soße, dann eine Lasagneplatte geben und diese dann mit Crème fraîche bestreichen. Wiederholen, bis keine Lasagneplatte übrig ist. Die letzte Platte mit Käse bestreuen und die Lasagne für ca. 25 Minuten backen.

Spaghetti Bolognese

Diese selbst gemachte Bolognese-Soße ist unvergleichlich italienisch lecker. Besser als jedes Tütchen! Ihr Geheimnis ist die lange Kochzeit auf niedriger Hitze, wodurch sich die Aromen erst so richtig entfalten können. Die kleine Prise Zucker neutralisiert die Säuren der Tomaten und es entsteht eine runde, geschmackvolle Soße.

Schwierigkeitsgrad: **mittel.**
Dauer: **ca. 1,5 Stunden.**

Zutaten für 4 Portionen:

» 500 g Spaghetti
» 500 g Rinderhackfleisch
» 200 ml Gemüsebrühe
» 400 g Tomaten, fein gehackt (aus der Dose)
» 1 Schuss Traubensaft
» 1 Zwiebel
» 1 Knoblauchzehe
» 1 Karotte
» 1 TL Oregano
» Prise Zucker
» Salz
» Pfeffer
» Olivenöl

Utensilien: Bratpfanne

Zubereitung:

Die Zwiebel hacken, die Knoblauchzehe pressen. Die Zwiebel in Olivenöl glasig anbraten, dann das Hackfleisch dazugeben. Mit einem Schuss Traubensaft ablöschen, die Tomaten hinzufügen und zum Schluss die Brühe.

Die Karotte schälen und in Scheiben schneiden. Zusammen mit den restlichen Gewürzen in den Topf geben und bei niedriger Hitze ca. 1 Stunde köcheln lassen.

Zum Schluss die Spaghetti in Salzwasser al dente kochen und mit der Spaghettisoße servieren.

Schnitzel mit Kartoffelspalten

Nichts geht über ein leckeres Schnitzel mit würziger Beilage. Statt labbriger Ofenpommes gibt es knusprige selbst gemachte Kartoffelspalten mit pikanter Note dazu.

Schwierigkeitsgrad: mittel.
Dauer: ca. 45 Minuten.

Zutaten für 4 Portionen:

- 4 Kalbs- oder Schweineschnitzel
- 700 g Kartoffeln
- 3 Eier
- ca. 3-4 EL Mehl
- 150 g Paniermehl
- 2 TL Paprikapulver
- 2 TL Chilipulver
- 2-3 TL Öl
- Salz
- Pfeffer

Utensilien: Bratpfanne, großer Topf

Zubereitung:

Die Kartoffeln waschen, dann halbieren und vierteln. Sehr große Kartoffelspalten können auch nochmal kleiner geschnitten werden, sie sollen Spalten werden. In einer Schüssel Öl mit Pfeffer, Salz, Paprika und Chili mischen und die Kartoffeln damit benetzen. Dann auf ein Backblech setzen und ca. 40 Minuten bei 220 °C im Ofen backen.

In der Zwischenzeit die Schnitzel waschen und trocken tupfen. Auf 3 Teller das Ei (mit einer Gabel verquirlen), Mehl und das Paniermehl geben. Nun die Schnitzel erst in Mehl benetzen, dann ins Ei tauchen und mit Paniermehl überziehen.

In einer Pfanne mit Öl von beiden Seiten jeweils ca. 5 Minuten braten, bis sie goldbraun und knusprig sind. Zusammen mit den Kartoffelspalten servieren.

Hühnerfrikassee

Hühnerfrikassee ist eine tolle Möglichkeit der Resteverwertung für Hähnchen.
Auch Gemüse enthält dieses klassische, schnelle Gericht.

Schwierigkeitsgrad: mittel.
Dauer: ca. 30 Minuten

Zutaten für 4 Portionen:

» 400 ml Hühnerbrühe
» 250 g Hähnchenfleisch, z.B. Hähnchenbrustfilet
» 150 g Karotten
» 150 g weiße Champignons
» 150 g Erbsen
» 25 g Butter
» 25 g Mehl
» 100 ml Sahne
» 200 g Reis
» 1 Schuss Zitronensaft
» Salz
» Pfeffer

Utensilien: Bratpfanne, kleiner Topf, Schneebesen

Zubereitung:

Den Reis nach Packungsanleitung zubereiten.

Das Hähnchen waschen, trocken tupfen und in Würfel oder Streifen schneiden. Die Karotten schälen und fein würfeln. Die Champignons putzen und in Streifen schneiden.

Die Butter in einem kleinen Topf schmelzen. Sie muss heiß sein und blubbern. Dann nach und nach unter ständigem Rühren mit dem Schneebesen das Mehl unterheben. Die Farbe der Butter verändert sich bei mittlerer Hitze von gelb zu goldgelb, aber nicht braun werden lassen. Dann nach und nach mit der Brühe ablöschen und köcheln lassen.

Wenn das Hähnchen noch nicht vorgekocht ist, kann es entweder angebraten oder in Wasser gar gekocht werden.

Nacheinander Hähnchen und Gemüsebrühe sowie die Sahne ins Frikassee geben und mit Salz, Pfeffer und Zitronensaft abschmecken. Ca. 5 Minuten auf mittlerer Hitze köcheln lassen.

Zum Reis servieren.

Risotto

Risotto ist ein unendlich vielfältiges Gericht, das sich beliebig abwandeln lässt. Dieses Rezept ist ein Grundrezept - im Original kommt Safran zum Färben vor, welches wir aus Kostengründen jedoch nicht verwenden. Um das Risotto aufzupeppen, kommen ganz zum Schluss zusammen mit dem Parmesan Zutaten wie Pilze, Schinken, verschiedene Käsesorten, frische Kräuter oder Tomaten dazu.

Schwierigkeitsgrad: mittel
Dauer: *ca. 30 Minuten.*

Zutaten für 4 Portionen:

- 300 g Arborio- oder Risotto-Reis
- 600 ml Gemüsebrühe
- 1 Schuss Apfelsaft
- 50 g Butter
- 1 kleine Zwiebel
- 2 TL Parmesan, gerieben
- Salz
- Pfeffer

Utensilien: Bratpfanne

Zubereitung:

Die Zwiebel fein hacken und in Butter glasig braten. Dann den Reis hinzufügen und mitbraten, bis die kleinen, dicken Reiskörner leicht durchsichtig werden. Die Hitze bei Bedarf hochdrehen und mit einem Schuss Apfelsaft ablöschen. Dann nach und nach die Brühe hinzugeben, die Hitze auf niedrige Stufe reduzieren und gelegentlich rühren. Wenn die Brühe fast verkocht ist, wird wieder ein neuer Schuss hinzugegeben, bis sie aufgebraucht ist.

Ganz zum Schluss den Parmesan unterrühren, salzen, pfeffern und servieren.

Kartoffelgratin

Kartoffelgratin ist ein Wohlfühl-Essen nicht nur für kalte Tage. Es schmeckt nicht nur als Hauptgericht, sondern eignet sich als kleinere Portion auch als Beilage z.B. zu Steak oder einem leckeren Schnitzel.

Tipp: unter die Kartoffelscheiben lässt sich jedes erdenkliche Gemüse verstecken, das wegmuss. Das Kartoffelgratin kann auch mit Käse überbacken werden, z.B. Gouda.

Schwierigkeitsgrad: *einfach*
Dauer: *ca. 1 Stunde*

Zutaten für 4 Portionen:

» 800 g Kartoffeln, festkochend
» 1 Knoblauchzehe
» 250 ml Sahne
» 250 ml Vollmilch
» 1 EL Instant-Gemüsebrühenpulver
» Salz
» Pfeffer
» Muskat
» italienische Kräutermischung
» 1 EL Butter

Utensilien: Kochtopf, Auflaufform

Zubereitung:

Die Auflaufform mit Butter einfetten. Ofen auf 180 °C vorheizen.

Die Knoblauchzehe pressen. Sahne und Milch im Topf mischen und alle Gewürze sowie den Knoblauch hinzufügen. Kurz aufkochen und von der Hitze nehmen.

Die Kartoffeln waschen, schälen und in Scheiben schneiden. Eine Schicht Kartoffeln in die Auflaufform legen, mit etwas Sahne übergießen und dann die nächste Schicht darauf verteilen. Weitermachen, bis alle Zutaten aufgebraucht sind. Zum Schluss kann noch etwas Butter in Flöckchen auf der obersten Schicht verteilt werden.

Den Auflauf ca. 1 Stunde bei 180 °C backen.

Brokkoli-Blumenkohlauflauf

Gemüse ist langweilig? Nicht, wenn es mit einer ordentlichen Portion Käse überbacken wird! In diesem gesunden Auflauf sind gleich 3 wichtige Gemüsesorten enthalten, die dank des Käses auch ordentlich satt machen.

Schwierigkeitsgrad: *einfach*
Dauer: *ca. 45 Minuten*

Zutaten für 4 Portionen:

» 300 g Blumenkohl
» 300 g Brokkoli
» 100 g Cherrytomaten
» 200 ml Sahne
» 100 ml Vollmilch
» 1 TL Instant-Gemüsebrühepulver
» 1 TL italienische Kräutermischung
» 1 TL Chiliflocken
» Prise Muskat
» 150 g Käse, z.B. Gouda

Utensilien: Auflaufform, kleiner Kochtopf

Zubereitung:

Ofen auf 180 °C vorheizen.

Brokkoli und Blumenkohl waschen und in Röschen zerteilen. Cherrytomaten waschen und halbieren. Das Gemüse in eine gefettete Auflaufform legen.

Sahne, Vollmilch und Gemüsebrühepulver in einen kleinen Topf geben und kurz aufkochen lassen. Alle Gewürze hinzufügen, von der Hitze nehmen und über das Gemüse gießen. Den geriebenen Käse darauf verteilen und ca. 30 Minuten bei 180 °C im Ofen backen.

Mac and Cheese

Nicht ganz kalorienarm, aber lecker ist dieses typisch US-amerikanische Feierabendessen. Es geht schnell, macht satt und kann nach Geschmack mit grünem Gemüse wie Brokkoli oder Spinat etwas vitaminhaltiger gemacht werden.

Schwierigkeitsgrad: *einfach*
Dauer: *ca. 20 Minuten*

Zutaten für 4 Portionen:

» 500 g Nudeln, am besten Makkaroni oder Penne
» 60 g Butter
» 40 g Mehl
» 750 ml Milch
» 350 g geriebener Cheddar
» Chilipulver
» 1 Knoblauchzehe
» Salz

Utensilien: großer Topf, Schneebesen

Zubereitung:

Die Nudeln nach Packungsanleitung zubereiten.

Die Butter im Topf schmelzen, sie muss heiß sein. Dann nach und nach unter ständigem Rühren mit dem Schneebesen das Mehl dazugeben. Die Butter verfärbt sich goldgelb, sollte aber nicht braun werden. Jetzt nach und nach die Milch in den Topf geben, dabei die Hitze auf mittlere Stufe reduzieren. Dann den geriebenen Cheddar in der Soße schmelzen, die gepresste Knoblauchzehe und die übrigen Gewürze dazugeben und kurz köcheln lassen. Die Soße mit den Nudeln verrühren und servieren.

Paprika-Sahne-Hähnchen mit Nudeln

Paprika schmeckt jedem und enthält ordentlich Vitamin C. In dieser pikanten Nudelsoße ist sie nicht nur lecker, sondern auch schnell gemacht und bietet sich als leckeres Feierabendgericht an.

Schwierigkeitsgrad: einfach.
Dauer: ca. 20 Minuten.

Zutaten für 4 Portionen:

» 250 g Hähnchenbrustfilet
» 1 rote Paprika
» 1 Chilischote (optional)
» 200 ml Kochsahne
» 200 g Nudeln
» 1 TL Tomatenmark
» 1 TL Paprikapulver
» 1 TL Chilipulver
» Salz
» Pfeffer
» 1-2 Büschel frische Petersilie

Utensilien: großer Topf

Zubereitung:

Die Nudeln nach Packungsanleitung zubereiten.

Die Hähnchenbrustfilets waschen, trocken tupfen und würfeln. Die Paprika (und Chilischote, wenn gewünscht) waschen, dann vierteln, von Kernen befreien und in dünne Streifen schneiden.

Das Hähnchenbrustfilet anbraten und zum Schluss die Paprika mitbraten. Tomatenmark dazugeben und kurz anrösten, damit der Geschmack freigesetzt wird. Das Ganze mit der Sahne ablöschen und ca. 5 Minuten köcheln lassen. Währenddessen die Gewürze dazugeben, nur die Petersilie wird bis zum Schluss aufbewahrt. Sie wird fein gehackt und ca. 1 Minute vor dem Servieren untergerührt.

Würstchen-Gulasch

Würstchen-Gulasch ist ein Kindergericht, das auch Erwachsenen schmeckt. Es gelingt auch mit Kabanossi, Mini-Salami oder Bratwürsten gut und verleiht dem Gericht eine neue Note.

Schwierigkeitsgrad: einfach
Dauer: ca. 30 Minuten

Zutaten für 4 Portionen:

- 500 g Wiener Würstchen
- 300 g Reis oder Nudeln
- 1 Zwiebel
- 1 EL Tomatenmark
- 1 rote Paprika
- 400 g Tomaten, passiert
- 1 Schuss Sahne oder Vollmilch
- 1 TL Paprika, edelsüß
- 1 Bund frische Petersilie
- Salz
- Pfeffer

Utensilien: Bratpfanne

Zubereitung:

Reis oder Nudeln nach Packungsanleitung zubereiten.

Die Wiener in Scheiben schneiden und beiseite stellen. Die Petersilie fein hacken und etwas zur Dekoration aufheben.

Die Paprika waschen, vierteln, von Kernen befreien und in Würfel schneiden. Zwiebeln fein hacken. In der Bratpfanne zuerst die Zwiebeln glasig braten, dann die Paprika anbraten und zum Schluss die Wiener dazugeben, bis sie sich etwas zusammenziehen. Tomatenmark kurz mit anbraten, dann mit den Tomaten ablöschen und einen Schuss Sahne oder Milch dazugeben. Die Gewürze und die gehackte Petersilie unterrühren und 5 Minuten bei mittlerer Hitze köcheln lassen.

Spaghetti Carbonara

Eine Original-Carbonara ist dieses Rezept nicht, denn die wird nur mit Eigelb ohne Sahne gemacht. Mit Sahne bekommt die Nudelsoße aber eine Cremigkeit, die viele lieben.

Tipp: Speck gibt nach und nach Salz an die Soße ab, mit dem Salz sollte also sehr vorsichtig verfahren werden.

Schwierigkeitsgrad: einfach.

Dauer: ca. 15 Minuten

Zutaten für 4 Portionen:

- 500 g Spaghetti
- 1/2 Zwiebel
- 300 ml Sahne
- 200 g gewürfelter durchwachsener Speck
- 100 g geriebener Parmesan
- 1 Eigelb
- 1 EL Butter
- Salz
- Pfeffer

Utensilien: großer Topf, Bratpfanne

Zubereitung:

Die Spaghetti nach Packungsanleitung zubereiten.

Die Zwiebel fein würfeln und in der Bratpfanne mit Butter glasig braten. Den Speck dazugeben und anbraten.

Dann das Ganze mit der Sahne ablöschen und auf mittlere Hitze reduzieren. Nach Bedarf salzen und pfeffern. Das Basilikum fein hacken und einige Blättchen zur Deko aufheben. Nach und nach Parmesan unterrühren.

Wenn die Nudeln fertig sind, wird ca. 1 EL Pastawasser aufgehoben und in die Soße gegeben. Nachdem die Nudeln abgegossen wurden, wird die Hitze abgestellt und das Eigelb mit der Soße verquirlt. Fertig!

Rosenkohl-Pasta mit Currysoße

Mit Rosenkohl haben wir oft unschöne Kindheitserinnerungen. In dieser sahnigen Pastasoße mit Curry und Hähnchen schmeckt er aber gleich ganz anders und ist eine tolle Abwechslung auf dem Speiseplan.

Schwierigkeitsgrad: *einfach*
Dauer: *ca. 20 Minuten*

Zutaten für 4 Portionen:

» 500 g Nudeln
» 250 g Hähnchenbrustfilet
» 250 g Rosenkohl
» 2 Karotten
» 200 ml Sahne
» 1 TL Instant-Gemüsebrühepulver
» 1 TL Currypulver
» Salz
» Pfeffer

Utensilien: großer Topf

Zubereitung:

Die Nudeln nach Packungsanleitung zubereiten.

Den Rosenkohl von den äußeren Blättern befreien und den Strunk unten abschneiden. In Salzwasser ca. 5 Minuten blanchieren, beiseite stellen.

Das Hähnchenbrustfilet in Würfel schneiden und im Topf anbraten. Die Karotten schälen und in kleine Stücke schneiden schneiden. Diese mit dem Hähnchen kurz anbraten und das Ganze dann mit Sahne ablöschen. Brühepulver, Curry, Salz und Pfeffer hinzugeben und den Rosenkohl in den Topf geben. Ca. 5 Minuten auf mittlerer Hitze kochen.

Pasta mit Champignonsoße

Das Geheimnis dieser aromatischen Pastasoße besteht darin, die Champignons bei hoher Hitze anzubraten. Sie geben dann ihren Geschmack nach und nach an die Sahnesoße ab und es entsteht eine pilzige Liebesgeschichte auf dem Teller.

Schwierigkeitsgrad: einfach
Dauer: ca. 20 Minuten

Zutaten für 4 Portionen:

» 300 g braune Champignons
» 1 Zwiebel
» 250 g Nudeln
» 200 ml Sahne
» 100 ml Gemüsebrühe
» 1 Bund frische Petersilie
» 1 TL Butter
» Parmesan nach Geschmack
» Salz
» Pfeffer
» 1 TL Piment (optional)

Utensilien: großer Topf, Bratpfanne

Zubereitung:

Die Nudeln nach Packungsanleitung zubereiten.

Die Zwiebel fein hacken und in der Bratpfanne mit Butter glasig braten.

Die Champignons mit einem Stück Küchenkrepp putzen und in Scheiben schneiden. Die Hitze aufdrehen und bei hoher Hitze braten, nach Bedarf mehr Butter verwenden. Sie saugen diese auf und brauchen viel Hitze, um ihren Geschmack abzugeben. Dann mit Brühe ablöschen, die Sahne hinzugeben und kurz aufkochen lassen. Anschließend bei mittlerer Hitze ca. 5 Minuten köcheln lassen. Salzen, pfeffern und die gehackte Petersilie hinzufügen.

Nach Geschmack mit Parmesan servieren.

Hackbällchen mit Mozzarella

Diese tomatigen Hackbällchen machen nicht viel Arbeit und sind ein tolles Wohlfühlessen nach einem stressigen Tag. Sie lassen sich sogar vorbereiten - einfach morgens rollen und abends nur noch in den Ofen schieben. Dazu passen Nudeln oder Reis als Beilage.

Schwierigkeitsgrad: *einfach*
Dauer: *ca. 45 Minuten*

Zutaten für 4 Portionen:

» 500 g Hackfleisch
» 1 Zwiebel
» 2 Kugeln Mozzarella
» 300 ml Sahne
» 1 EL Tomatenmark
» 1 TL + 1 TL Paprikapulver
» 1 TL + 1 TL Chilipulver
» Salz
» Pfeffer
» 1 Bund frische Petersilie

Utensilien: kleiner Topf, Auflaufform, Schneebesen

Zubereitung:

Das Hackfleisch in einer Schüssel mit je 1 TL Paprika- und Chilipulver, der fein gehackten Zwiebel sowie Salz und Pfeffer mischen. Daraus ca. 16 Bällchen formen und in die Auflaufform setzen. Die beiden Mozzarellakugeln in Scheiben schneiden, auf jedes Bällchen kommt eine Scheibe.

Den Ofen auf 200 °C vorheizen.

Im Topf das Tomatenmark kurz anbraten, mit Sahne ablöschen und die restlichen Gewürze sowie die gehackte Petersilie hinzugeben. Mit dem Schneebesen verrühren und über die Hackbällchen gießen. Die Auflaufform für ca. 25 Minuten in den Ofen stellen.

Puten-Frischkäse-Topf

Eine gute Portion Protein mit wenig Fett wartet in dieser leckeren Nudelsoße. Den Geschmack geben Frischkäse und Champignons.

Tipp: wer möchte, kann sich Rauchsalz gönnen und die Soße damit abschmecken. Die Soße wird einen unvergleichlich rauchig-cremigen Geschmack bekommen.

Schwierigkeitsgrad: einfach
Dauer: ca. 20 Minuten

Zutaten für 4 Portionen:

- » 400 g Putengeschnetzeltes
- » 200 g Nudeln
- » 1 Zwiebel
- » 300 g weiße Champignons
- » 3 EL Frischkäse
- » 2-3 Frühlingszwiebeln
- » 100 ml Gemüsebrühe
- » 200 ml Sahne
- » Salz
- » Pfeffer
- » 2-3 Stiele frische Petersilie

Utensilien: großer Topf, Bratpfanne

Zubereitung:

Die Nudeln nach Packungsanleitung zubereiten.

Die Champignons putzen und in Scheiben schneiden.

Die Zwiebel fein hacken und glasig braten. Dann das Putengeschnetzelte in die Pfanne geben und durchbraten. Zuletzt die Champignons dazugeben und auf hoher Hitze braten.

Das Ganze mit Brühe und Sahne ablöschen und auf mittlere Hitze herunterdrehen. Den Frischkäse sowie die Gewürze unterheben und ca. 5 Minuten köcheln lassen. Währenddessen die Petersilie hacken und zum Schluss in die Soße geben.

Überbackene Pizzabrote

Es gibt kaum ein schnelleres, einfacheres Feierabend-Gericht als selbst gemachte Pizzabrote. Sie sind ideal zur Resteverwertung, denn als Belag eignet sich alles, was geschnitten werden kann. Wenn es doch zu viele waren, schmecken sie kalt als Mittagessen am nächsten Tag immer noch sehr lecker.

Schwierigkeitsgrad: *einfach.*
Dauer: *ca. 45 Minuten.*

Zutaten für 4 Portionen:

» 4 Baguettes
» 1 Becher roter Frischkäse (z.B. Tomate-Paprika)
» Belag nach Geschmack: z.B. Mais, Paprika in schmalen Streifen, Cherrytomaten, Salamischeiben
» geriebener Käse nach Bedarf, z.B. Gouda oder Cheddar

Utensilien: Backblech

Zubereitung:

Die Baguettebrötchen aufbacken, wenn erforderlich. Dann halbieren.

Mit Frischkäse bestreichen und mit vorbereitetem Belag nach Geschmack belegen. Zum Schluss mit Käse bestreuen.

Den Ofen auf 200 °C vorheizen oder nach dem Aufbacken direkt anlassen.

Die Pizzabrote ca. 20 Minuten bei 200 °C backen und sofort servieren.

Fischstäbchen-Burger

Fischstäbchen sind nicht nur etwas für die Teller der Kleinsten. Auch Erwachsene mögen sie und sie ergeben einen tollen Burger, der schnell gemacht ist. Wer es käsiger mag, kann natürlich auch zwei statt einer Scheibe nehmen - oder sich gleich noch einen zweiten Burger gönnen.

Schwierigkeitsgrad: einfach.
Dauer: ca. 20 Minuten.

Zutaten für 4 Portionen:

» 4 Brötchen, z.B. Mehrkorn oder Burgerbrötchen
» 1 Packung Fischstäbchen
» 4 Scheiben Gouda
» 4 Salatblätter, z.B. Lollo Rosso
» 2 Tomaten
» Remoulade

Utensilien: Pfanne

Zubereitung:

Die Fischstäbchen nach Packungsanleitung zubereiten.

Die Brötchen halbieren und mit Remoulade bestreichen. Dann auf jedes Brötchen je ein großes Salatblatt, einige Tomatenscheiben, Fischstäbchen und eine Scheibe Gouda legen. Die andere Brötchenhälfte auflegen - fertig.

Lachs im Blätterteig mit Dill-Sahnesoße

Der Lachs im Blätterteig erfordert etwas Fingerspitzengefühl, ist aber tatsächlich gar nicht so schwer, wenn einmal die Päckchen geformt sind. Er ist ein echtes Angeber-Essen und eignet sich auch ideal für Gäste.

Schwierigkeitsgrad: *pfiffig.*
Dauer: *ca. 40 Minuten.*

Zutaten für 4 Portionen:

» 4 Lachsfilets ohne Haut
» 2 Packungen fertiger Blätterteig zum Ausrollen
» 200 g Rahm-Spinat
» 8 EL Frischkäse
» 2-3 Eigelbe
» 250 g Bandnudeln
» 45 g Butter
» 60 g Mehl
» 1 Schuss Apfelsaft
» 200 ml Sahne
» 1 Bund Dill
» Salz
» Pfeffer

Utensilien: kleiner Soßentopf, großer Topf, Schneebesen

Zubereitung:

Den Ofen auf 200 °C vorheizen.

Den Blätterteig ausrollen und halbieren. Auf jede Hälfte 2 EL Frischkäse, etwas aufgewärmten Rahm-Spinat und dann je 1 unaufgetautes Lachsfilet verteilen. Die Päckchen schließen: erst die Seiten des Blätterteigs zuklappen, dann die untere Hälfte. Zum Schluss mit Eigelb bestreichen, aufs Backblech legen und ca. 30 Minuten bei 200 °C backen.

In der Zwischenzeit Nudeln nach Packungsanleitung kochen.

In den letzten 15 Minuten Dill fein hacken. Im Soßentopf die Butter schmelzen. Nach und nach unter ständigem Rühren das Mehl mit dem Schneebesen unterheben und mit Apfelsaft ablöschen. Dann die Sahne hinzugeben, salzen, pfeffern und den gehackten Dill unterrühren und auf mittlerer Hitze köcheln.

Betrunkene Spaghetti (Drunken Pasta)

Wer Traubensaft mag, kommt mit diesen betrunkenen Spaghetti voll auf seine Kosten. Das imposante Gericht ist einmal etwas ganz anderes, geht aber ganz einfach und kommt sogar ohne Soße aus.

Tipp: wem es zu trocken ist, überzieht die Pasta mit etwas Olivenöl, welches toll zu den restlichen Zutaten passt.

Schwierigkeitsgrad: einfach

Dauer: ca. 15 Minuten.

Zutaten für 4 Portionen:

- 500 g Spaghetti
- 1l günstiger Traubensaft
- 1 Kopf Radicchio
- 100 g Walnüsse
- 150 g Ziegenfrischkäse
- Parmesan nach Bedarf
- 1 EL Butter

Utensilien: großer Topf, Bratpfanne

Zubereitung:

In einem großen Topf den Traubensaft aufkochen und bei Bedarf mit Wasser aufgießen. Die Spaghetti nach Packungsanleitung im Traubensaft kochen und ganz normal abgießen. Sie haben eine tiefrote Farbe angenommen.

In der Zwischenzeit den Radicchio putzen, halbieren und in Streifen schneiden. Die Walnüsse in der Bratpfanne ohne Fett anrösten, beiseitestellen. Butter schmelzen und den Radicchio anbraten, bis er zerfällt. Die Walnüsse dazugeben, Bratpfanne von der Hitze nehmen und die Pasta dazugeben. Beim Servieren mit Ziegenfrischkäse und Parmesan garnieren.

Gnocchi mit Parmesan-Dressing

Diese sommerlichen Gnocchi überzeugen mit vollem Parmesan-Aroma und gleichzeitig mit Vitaminen durch das Gemüse.

Tipp: wer die Soße intensiver mag, brät vor dem Ablöschen mit Brühe noch 1 EL Tomatenmark mit an.

Schwierigkeitsgrad: *einfach*
Dauer: *ca. 15 Minuten.*

Zutaten für 4 Portionen:

» 500 g fertige Kartoffelgnocchi
» 2 große Zucchini
» 200 g Cherrytomaten
» 300 ml Gemüsebrühe
» 150 g Parmesan
» italienische Kräutermischung
» Salz
» Pfeffer
» 1-2 frische Basilikumblätter zum Dekorieren

Utensilien: Bratpfanne

Zubereitung:

Die Zucchini in Scheiben schneiden. Cherrytomaten halbieren.

Dann die Gnocchi mit Butter anbraten, bis sie knusprig sind. Beiseite stellen.

Die Zucchini anbraten, die Cherrytomaten zum Schluss dazugeben und mit Gemüsebrühe ablöschen. Kräuter, Salz und Pfeffer hinzufügen und nach und nach den Parmesan unterrühren. Gnocchi hinzugeben und servieren.

Nudeln mit Brokkoli-Pesto

Brokkoli enthält nicht nur wichtige Mineralstoffe und Vitamine, sondern auch wertvolles pflanzliches Protein. Wer es nicht unbedingt sehen will, versteckt es in diesem cremigen Pesto. Tipp: niemals Olivenöl pürieren! Dadurch werden unangenehme Bitterstoffe freigesetzt. Es wird bei jedem Pesto immer erst danach mit den pürierten Zutaten verrührt.

Schwierigkeitsgrad: einfach
Dauer: ca. 30 Minuten.

Zutaten für 4 Portionen:

» 500 g Nudeln
» 1 großer Kopf Brokkoli
» 2-3 EL Frischkäse
» 1 rote Chilischote
» 100 g Walnüsse
» 150 g Parmesan, gerieben
» 1 Bund frisches Basilikum
» 1 Schuss Zitronensaft
» 1 EL gutes Olivenöl

Utensilien: Pürierstab oder Zerkleinerer (Smoothie-Maker leisten auch gute Dienste)

Zubereitung:

Den Brokkoli waschen, in Röschen zerteilen und kurz in Salzwasser blanchieren, ca. 5 Minuten.

Dann alle Zutaten bis auf die Nudeln und das Olivenöl in den Zerkleinerer geben und fein pürieren. Tipp: wenn sie sich nur schwer zerkleinern lassen, kann ein kleiner Schuss Wasser dazugegeben werden. Das Olivenöl wird erst ganz zum Schluss hinzugefügt.

Die Nudeln nach Packungsanleitung zubereiten und mit dem Brokkoli-Pesto servieren.

Original Zürcher Geschnetzeltes

Geschnetzeltes ist meistens ganz lecker, aber auch nichts Besonderes. Anders ist das bei diesem Rezept. Wichtig sind braune Champignons, die besonders viel Geschmack haben. Das Originalrezept verwendet Kalb.

Tipp: besonders aromatisch wird es mit flüssiger, hochwertiger Rinderknochenbrühe, die es fertig zu kaufen gibt.

Schwierigkeitsgrad: *einfach*

Dauer: *ca. 20 Minuten*

Zutaten für 4 Portionen:

» 500 g Kalbsgeschnetzeltes (optional Schwein, Pute oder Hähnchen)
» 1 Zwiebel
» 300 g braune Champignons
» 200 ml Sahne
» 200 ml Rinderbrühe
» 1 Zitrone (alternativ Zitronensaft und Zitronenschale aus der Backabteilung)
» Salz
» Pfeffer
» 1 Bund frische Petersilie
» Nudeln, Reis oder Röstiecken als Beilage

Utensilien: Bratpfanne, Reibe

Zubereitung:

Die Champignons putzen und in Scheiben schneiden. Die Zwiebel fein hacken und glasig braten. Dann das Fleisch mitbraten, bis es gar ist. Zum Schluss die Pilze auf hoher Hitze braten, bis sie das Fett aufgesaugt haben.

Das Ganze mit Gemüsebrühe ablöschen. Die Sahne unterrühren und auf mittlerer Hitze köcheln lassen.

Die frische Zitrone wird gepresst und die Schale mit einer Reibe abgerieben. Schneller geht's mit einem Schuss frischem Zitronensaft und Zitronenschale aus der Backabteilung.

Die Petersilie fein hacken und einen Teil in die Soße geben, den Rest als Deko verwenden.

Gebackener Camembert mit Spätzle und Salat

Der Käse befindet sich bei diesem schnellen Gericht nicht in den Spätzle, sondern im Camembert. Diesen gibt es fertig paniert zu kaufen, was die Vorbereitung beschleunigt.

Schwierigkeitsgrad: einfach
Dauer: ca. 20 Minuten

Zutaten für 4 Portionen:

» 8 fertig panierte Camemberts
» 500 g Feldsalat
» 300 g Cherrytomaten
» 300 g Eierspätzle
» 1 weiße Zwiebel
» 1 Prise Zucker
» 2-3 EL Olivenöl
» 1 Schuss Zitronensaft
» Salz
» Pfeffer

Utensilien: Salatschüssel, Salatschleuder

Zubereitung:

Die fertigen Camemberts nach Packungsanleitung im Ofen backen.

Währenddessen den Feldsalat waschen, schleudern und in die Salatschüssel geben. Cherrytomaten halbieren und mit dem Salat mischen. Fürs Dressing Olivenöl, Zitronensaft, Salz & Pfeffer vermengen und über den Salat geben.

Die Zwiebeln halbieren, in dünne Ringe schneiden und mit Butter in der Pfanne braten. Währenddessen eine kleine Prise Zucker dazugeben, wodurch sie schön karamellisieren. Beiseite stellen. In der gleichen Pfanne die Spätzle anbraten, dann die Zwiebeln unterheben und kurz erwärmen.

Salat, Camemberts und Spätzle auf dem Teller anrichten und servieren.

Spaghetti in Zitronensoße

Diese Nudelsoße besteht nicht aus vielen Zutaten, was es umso erstaunlicher macht, wie lecker sie ist. Je mehr Zitrone, desto besser! Ideal für warme Sommertage, an denen man am liebsten gar nichts essen würde.

Tipp: wer mehr zum Sattwerden braucht, würfelt ein Hähnchenbrustfilet und brät dieses mit an.

Schwierigkeitsgrad: *einfach.*
Dauer: *ca. 20 Minuten*

Zutaten für 4 Portionen:

- 500 g Spaghetti
- 200 g Ricotta
- 2 Päckchen Zitronenschale aus der Backabteilung
- 1-2 TL Zitronensaft
- 1 Bund Dill
- Handvoll Walnüsse
- Salz
- Pfeffer

Utensilien: großer Topf, kleiner Topf

Zubereitung:

Im großen Topf die Spaghetti nach Packungsanleitung zubereiten.

Im kleinen Topf währenddessen auf mittlerer Hitze den Ricotta erwärmen. Zitronenschale, Zitronensaft, gehackten Dill, Salz und Pfeffer unterrühren. Die Walnüsse fein hacken und zur Dekoration auf den Spaghetti verteilen.

Bandnudeln mit Lachs

Wir kennen dieses Gericht als "Tagliatelle al Salmone" vom Italiener, aber es lässt sich ganz einfach zu Hause selber nachkochen.

Tipp: wer etwas Abwechslung möchte, mischt frischen Spinat oder getoastete Pinienkerne unter die Soße.

Schwierigkeitsgrad: *einfach*
Dauer: *ca. 30 Minuten*

Zutaten für 4 Portionen:

» 400 g Bandnudeln
» 300 g Lachsfilet ohne Haut
» 1 Schuss Apfelsaft
» 400 g passierte Tomaten
» 1/2 Zwiebel
» 20 Cherrytomaten
» 200 g Creme fraiche
» 1 Bund Petersilie
» Salz
» Pfeffer
» Geriebener Parmesan zum Servieren

Utensilien: Bratpfanne, Kochtopf

Zubereitung:

Die Nudeln nach Packungsanleitung zubereiten.

Die Zwiebeln fein hacken und in der Bratpfanne glasig braten. Das Lachsfilet in die Pfanne geben, von allen Seiten anbraten und dann mit dem Pfannenwender direkt in der Pfanne zerteilen. Dabei eventuelle Gräten entfernen.

Das Ganze mit Apfelsaft ablöschen, die Hitze reduzieren und die passierten Tomaten hinzufügen. Cherrytomaten hal-bieren, Petersilie hacken und beides in die Soße geben. Crème fraîche hinzufügen, salzen und pfeffern. Ca. 5 Minuten köcheln lassen und servieren.

Zitronige Lachs-Dill-Nudeln

Diese leckere Pasta schmeckt sommerlich-frisch und ist genau das richtige für einen Sommerabend mit Freunden. Große Portionen sind gar kein Problem und die Kombination aus Dill, Zitrone, rauchigem Lachs und cremig-säuerlicher Soße ist einfach unschlagbar lecker. Noch dazu geht das Ganze schnell und kann gar nicht schiefgehen.

Schwierigkeitsgrad: *einfach*
Dauer: ca. 20 Minuten

Zutaten für 4 Portionen:

» 500 g Bandnudeln
» 300 g saure Sahne
» Saft und Schale einer Zitrone (oder gekaufter Zitronensaft und Zitronenschale aus der Backabteilung)
» 300 g Räucherlachs
» 1 Zwiebel
» 1 Knoblauchzehe
» 1 Schuss Apfelsaft
» 1 Bund Dill
» Salz
» Pfeffer
» Parmesan zum Servieren

Utensilien: Bratpfanne, Kochtopf, Zitruspresse

Zubereitung:

Die Nudeln nach Packungsanleitung zubereiten.

Den Räucherlachs in kleine Stücke schneiden. Den Dill fein hacken. Die Zitrone auspressen und die Schale mit einer Reibe abreiben, wenn eine frische Zitrone verwendet wird.

Die Zwiebel fein hacken und glasig braten. Die Knoblauchzehe pressen und kurz mitbraten. Mit Apfelsaft ablöschen. Saure Sahne hinzufügen, mit Zitronensaft, Schale, Salz & Pfeffer abschmecken und Dill in die Soße geben. Der Räucherlachs kommt erst ganz zum Schluss dazu.

Achtung! Bevor die Nudeln abgegossen werden, wird noch 1 EL Pastawasser in die Soße gegeben.

Gnocchi in Walnussbutter

Diese einfachen, schnellen, aber wirkungsvollen Gnocchi beweisen, dass außer guten Zutaten nichts notwendig ist, um richtig lecker zu werden.

Schwierigkeitsgrad: *einfach*
Dauer: *ca. 10 Minuten*

Zutaten für 4 Portionen:

» 500 g Kartoffelgnocchi
» 50 g Butter
» 50 g Walnüsse
» Salz
» geriebener Parmesan zum Servieren.

Utensilien: Bratpfanne, Kochtopf

Zubereitung:

Die Walnüsse grob hacken und ohne Fett in der Pfanne anrösten, beiseite stellen.

Gnocchi nach Packungsanleitung in Salzwasser zubereiten.

Die Butter in der Pfanne schmelzen und eine Prise Salz hinzufügen. Die fertigen Gnocchi kurz mit anbraten, die Walnüsse hinzufügen. Auf Teller verteilen, mit Parmesan dekorieren und servieren.

Chili con Carne

Chili con Carne geht schnell und lässt sich super vorbereiten und auch wieder aufwärmen. Um dieses Gericht drehen sich ganze Kochwettbewerbe. Dieses Grundrezept kann beliebig aufgepeppt werden. Wer Schärfe liebt, fügt einen Schuss Tabasco hinzu. Lecker wird es auch mit einem Schuss Schwarzbier oder einem kleinen Stück Zartbitterschokolade, welche einfach im Chili geschmolzen werden kann.

Schwierigkeitsgrad: einfach
Dauer: ca. 1 Stunde.

Zutaten für 4 Portionen:

» 500 g Hackfleisch
» 1 Zwiebel
» 1 Dose rote Kidneybohnen
» 1 Dose Mais
» 500 ml passierte Tomaten
» 400 g Tomaten, fein gehackt (Dose)
» 2 TL Cayennepfeffer
» 2 TL Chilipulver
» Salz
» Pfeffer
» Reis oder Baguette als Beilage

Utensilien: Kochtopf

Zubereitung:

Die Zwiebel fein hacken und glasig anbraten. Das Hackfleisch mitbraten, bis es zerbröselt. Dann nach und nach die Tomaten, Mais und Bohnen in den Topf geben und mit den Gewürzen abschmecken. Das Ganze ca. 30 Minuten auf niedriger Hitze köcheln lassen, damit die Gewürze ihre Wirkung entfalten.

Persischer Rinderschmortopf

Dieser Schmortopf hört sich kompliziert an, ist aber ein echter Selbstläufer. Nach etwas Vorbereitung wird er sich selbst überlassen und heraus kommt ein wunderbar aromatischer Schmortopf, zu dem als Beilage Reis oder Brot passt. Die Kunst liegt im langsamen Schmoren auf niedriger Hitze über längere Zeit.

Schwierigkeitsgrad: mittel.
Dauer: 1 Stunde 30 Minuten.

Zutaten für 4 Portionen:

- » 1 kg Schmorfleisch vom Rind, z.B. Gulaschfleisch
- » 2 Zwiebeln
- » 1 Dose Tomaten, fein gehackt
- » 500 g grüne Bohnen
- » 500 g Kartoffeln, festkochend
- » 1 TL Paprikapulver, scharf
- » 2 TL Chilipulver
- » 1 Spritzer Zitronensaft
- » Salz
- » Pfeffer
- » Reis als Beilage

Utensilien: Bratpfanne, Topf

Zubereitung:

Das Schmorfleisch würfeln und in der Bratpfanne anbraten. Währenddessen die Zwiebel halbieren, in Ringe schneiden und mitbraten, bis sie glasig wird. Das Fleisch mit den Tomaten aus der Dose ablöschen, die Gewürze und den Zitronensaft hinzufügen und auf niedriger Hitze köcheln lassen.

Die Kartoffeln würfeln und in einem Topf mit Wasser ca. 30 Minuten kochen. Dann abgießen und zum Fleisch geben. Weitere 30 Minuten köcheln lassen.

Dann die grünen Bohnen in mundgerechte Stücke schneiden und in den Fleischtopf geben. Nach Bedarf etwas Wasser in den Topf geben und 30 weitere Minuten köcheln lassen.

Schinken-Nudelauflauf mit Brokkoli

Bei diesem leichten Auflauf kommt einfach alles nacheinander in die Form und los geht's. Er erinnert an die beliebten Schinkennudeln, ist aber durch das enthaltene Gemüse gesünder und bringt etwas Grün auf den Teller.

Tipp: wenn die Soße zu flüssig ausfällt, hilft etwas Speisestärke oder Soßenbinder.

Schwierigkeitsgrad: *einfach.*

Dauer: *ca. 45 Minuten*

Zutaten für 4 Portionen:

» 500 g Nudeln, z.B. Penne
» 1 Kopf Brokkoli
» 200 g Kochschinken oder Schinkenwürfel
» 200 ml Sahne
» 100 ml Vollmilch
» 1 TL Instant-Gemüsebrühepulver
» Salz
» Pfeffer
» 150 g geriebener Gouda oder Emmentaler

Utensilien: kleiner Topf, Auflaufform

Zubereitung:

Die Nudeln ca. 1 Minute kürzer kochen, als es auf der Packung steht. Abgießen und in die Auflaufform geben.

Den Brokkoli in Röschen zerteilen, waschen und auf den Nudeln verteilen.

Den Schinken in Würfel schneiden und über die Nudeln streuen.

Sahne, Milch und Brühe im Topf kurz aufkochen. Salzen und pfeffern und über dem Auflauf verteilen. Mit Käse bestreuen und ca. 25 Minuten bei 200 °C backen.

Ofenkartoffeln mit Hackfleisch

Kartoffeln aus dem Ofen sind an sich schon fast eine Gelinggarantie. Dieser simple Auflauf macht wenig Arbeit, schmeckt aber unvergleichlich lecker. Er eignet sich auch zur Resteverwertung, denn fast jedes Gemüse lässt sich zwischen die Kartoffelscheiben schieben.

Schwierigkeitsgrad: einfach
Dauer: ca. 45 Minuten.

Zutaten für 4 Portionen:

» 500 g Kartoffeln, mehlig kochend
» 500 g Hackfleisch
» 200 ml Sahne
» 100 ml Vollmilch
» 2 TL Paprikapulver, scharf
» Salz
» Pfeffer
» 150 g geriebener Bergkäse

Utensilien: Auflaufform

Zubereitung:

die Petersilie grob hacken. Die Kartoffeln in heißem Wasser ca. 20 Minuten kochen, sie müssen nicht ganz durch sein. Dann in Scheiben schneiden und beiseite stellen.

Den Ofen auf 200 °C vorheizen.

Hackfleisch anbraten. Mit Sahne ablöschen, Milch hinzufügen und alle Gewürze sowie die Petersilie in den Topf geben.

In der gefetteten Auflaufform erst eine Schicht Kartoffelscheiben, dann eine Schicht Hackfleisch verteilen und weitermachen, bis alle Zutaten aufgebraucht sind. Mit Bergkäse bestreuen und ca. 20 Minuten im Ofen backen.

Tomaten-Zucchini-Gratin

Dieser leichte Auflauf ist eine echte Vitaminbombe und passt immer. Gut geeignet ist er auch als leckere Beilage, z.B. zu einem Hähnchenbrustfilet. Es kann auch jedes andere Gemüse dazugegeben werden, das sich gut in Scheiben schneiden lässt.

Schwierigkeitsgrad: einfach
Dauer: ca. 45 Minuten

Zutaten für 4 Portionen:

» 3 große Zucchini
» 400 g frische Tomaten
» 150 g Schinkenwürfel
» 200 ml Sahne
» 200 ml Gemüsebrühe
» Salz
» Pfeffer
» italienische Kräutermischung
» 150 g geriebener Gouda

Utensilien: Auflaufform

Zubereitung:

Den Ofen auf 180 °C vorheizen.

Die Tomaten und Zucchini in dünne Scheiben schneiden. In die Auflaufform kommen nacheinander entweder gelegt oder gestellt je eine Scheibe Tomate, dann Zucchini. Die Schinkenwürfel werden entweder zwischen die Schichten gestreut oder am Ende über den Auflauf gestreut, wenn die Scheiben aufgestellt in die Form kommen.

Die Sahne wird mit der Gemüsebrühe und den Gewürzen vermischt und über das Gemüse gegossen. Mit Gouda bestreuen und ca. 20 Minuten backen, bis der Käse goldbraun wird und zerlaufen ist.

Linsenbolognese

Bolognesesoße muss nicht immer Fleisch enthalten. Diese vegetarische Variante schmeckt genauso gut und versorgt den Körper mit wertvollen Inhaltsstoffen der Linsen. Ein Sattmacher ist diese Soße allemal und unterscheidet sich vom Original gerade einmal so sehr, dass es interessant bleibt.

Schwierigkeitsgrad: *einfach.*
Dauer: *ca. 45 Minuten.*

Zutaten für 4 Portionen:

» 500 g Spaghetti
» 500 g braune Linsen
» 200 ml Gemüsebrühe
» 400 g Tomaten, fein gehackt (aus der Dose)
» 1 Schuss Traubensaft
» 1 Zwiebel
» 1 Knoblauchzehe
» 1 Karotte
» 1 TL Oregano
» Prise Zucker
» Salz
» Pfeffer
» Olivenöl

Utensilien: Bratpfanne, Topf

Zubereitung:

Die Linsen nach Packungsanleitung zubereiten und beiseite stellen.

Die Zwiebel hacken, die Knoblauchzehe pressen. Die Zwiebel in Olivenöl glasig anbraten. Mit einem Schuss Traubensaft ablöschen, die Tomaten hinzufügen und zum Schluss die Brühe.

Die Karotte schälen und in Scheiben schneiden. Zusammen mit den restlichen Gewürzen und den Linsen in den Topf geben und bei niedriger Hitze ca. 15 Minuten köcheln lassen.

Zum Schluss die Spaghetti in Salzwasser al dente kochen und mit der Spaghettisoße servieren.

Toskanische Hähnchen-Pasta

Diese Hähnchen-Pasta ist Date Night tauglich und doch so einfach und schnell gemacht. Wer sie noch schicker machen will, gibt noch Pinienkerne dazu und fertig ist das italienische Geschmackserlebnis.

Tipp: wer getrocknete Tomaten in Öl verwendet, kann das Hähnchen im Öl aus diesem Glas anbraten, welches den Geschmack der Tomaten bereits angenommen hat.

Schwierigkeitsgrad: einfach
Dauer: ca. 20 Minuten

Zutaten für 4 Portionen:

» 500 g Bandnudeln
» 2-3 Handvoll frische Spinatblätter
» 400 g Hähnchengeschnetzeltes
» 20 Cherrytomaten
» 200 ml Sahne
» 1 Schuss Apfelsaft
» 2 TL Tomatenmark
» 100 g Parmesan (+ mehr zum Servieren)
» 5 getrocknete Tomaten in Öl (optional, gibt es in der Antipasti-Abteilung)
» Salz
» Pfeffer

Utensilien: Bratpfanne, Topf

Zubereitung:

Die Bandnudeln nach Anweisung zubereiten.

Hähnchengeschnetzeltes in der Pfanne anbraten. Zum Schluss Tomatenmark dazugeben und kurz mitbraten. Mit Apfelsaft ablöschen, Sahne unterrühren und die Spinatblätter dazugeben. Wenn sie leicht zerfallen, die Cherrytomaten (und getrockneten Tomaten, diese vorher in Streifen schneiden) sowie die Gewürze unterrühren und ca. 5 Minuten bei mittlerer Hitze köcheln lassen. Zum Schluss den Parmesan in die Soße geben und servieren.

Gnocchi-Eintopfsuppe

Eintopfsuppe? Unterschätzt werden sollte dieser cremige Sattmacher nicht, denn er ist sehr gehaltvoll und macht gute Laune. Dass er nebenbei eine ordentliche Portion Gemüse enthält, fällt bei so viel Geschmack gar nicht mehr auf.

Tipp: Sahne-Schmelzkäse gibt es in mehreren Geschmacksrichtungen für mehr Abwechslung im Eintopf.

Schwierigkeitsgrad: einfach
Dauer: ca. 30 Minuten.

Zutaten für 4 Portionen:

- 500 g Hackfleisch
- 400 g Kartoffelgnocchi
- 200 g frischer Spinat
- 2 Karotten
- 150 g Cherrytomaten
- 1 rote Paprika
- 1 Zwiebel
- 200 g Sahne-Schmelzkäse
- 200 g Schmand
- 200 ml Gemüsebrühe
- Salz
- Pfeffer

Utensilien: Kochtopf

Zubereitung:

Die Zwiebel fein hacken und anbraten, dann das Hackfleisch mitbraten. Wenn es bröselig geworden ist, wird es mit der Gemüsebrühe aufgegossen. Sahne-Schmelzkäse und Schmand darin auflösen und bei mittlerer Hitze köcheln lassen.

Die Paprika vierteln und in feine Streifen schneiden, sofort in den Topf geben. Die Karotte schälen und mit dem Sparschäler dünne Streifen schneiden, diese direkt in den Topf gleiten lassen. Cherrytomaten halbieren und in den Topf geben. Der Spinat kommt als Letztes dazu und wenn er leicht zerfallen ist, kommen die Gnocchi in den Topf. Salzen und pfeffern und ca. 5 Minuten weiterköcheln lassen.

Serbisches Reisfleisch

Wenn es nach Feierabend schnell gehen, aber lecker sein soll, ist serbisches Reisfleisch eine tolle Idee. Es schmeckt fruchtig-scharf nach Tomaten und Paprika und kann nach Belieben noch weiter verschärft werden. Auch zum Aufwärmen als Mittagessen am nächsten Tag ist es gut geeignet.

Schwierigkeitsgrad: *einfach*
Dauer: *ca. 30 Minuten*

Zutaten für 4 Portionen:

» 500 g Schweinefilet
» 2 rote Paprika
» 2 weiße Zwiebeln
» 600 ml Gemüsebrühe
» 1 Dose Pizzatomaten
» 2 Knoblauchzehen
» 1 TL Paprikapulver (edelsüß)
» 1 TL Paprikapulver (rosenscharf)
» 200 g Langkornreis
» 2 EL Tomatenmark
» Salz
» Pfeffer

Utensilien: Bratpfanne, Topf

Zubereitung:

Den Reis nach Packungsanleitung zubereiten.

Das Schweinefilet würfeln, die Zwiebel fein hacken und die Paprika vierteln und in mundgerechte Stücke schneiden.

Die Zwiebel braten, bis sie glasig wird. Die Fleischwürfel mitbraten, bis sie durch sind. Zum Schluss die Paprika kurz anbraten, Tomatenmark ebenfalls kurz anbraten und mit den Tomaten und der Brühe ablöschen. Alle Gewürze hinzufügen und ca. 5 Minuten auf mittlerer Hitze köcheln lassen. Dann die Soße mit dem Reis vermengen und servieren.

Cheddar-Zucchini-Reis mit Hähnchen

Was bei diesem Gericht 30 Minuten braucht, ist lediglich der Reis. Am Herd steht man maximal 10 Minuten. Heraus kommt ein käsiger Sattmacher, dem es auch an gesunden Zutaten nicht fehlt. Dieses Reisgericht eignet sich auch toll als Beilage z.B. zu einem Schweinelachssteak mit Kräuterbutter, wenn das Hähnchen weggelassen wird.

Schwierigkeitsgrad: einfach.
Dauer: ca. 30 Minuten.

Zutaten für 4 Portionen:

» 400 g Hähnchengeschnetzeltes
» 250 g Reis
» 200 g geriebener Cheddar
» optional Kümmelsamen

Utensilien: Kochtopf, Bratpfanne

Zubereitung:

Den Reis nach Packungsanleitung zubereiten.

Die Zucchini mit dem Sparschäler in feine Streifen schneiden. Die Haut kann hier mit verwendet werden, wenn es sich um Bio-Zucchini handelt, das schmeckt in diesem Gericht besonders gut.

In einer Pfanne das Geschnetzelte anbraten, dann die Zucchini dazugeben und mitbraten, bis sie etwas zerfällt.

Wer Kümmel mag, gibt jetzt die Kümmelsamen dazu und brät diese kurz mit.

Der fertige Reis wird in die Bratpfanne gegeben und das ganze bei niedriger Hitze verrührt. Der Cheddar wird direkt über den Reis gegeben und verteilt, bis er Fäden zieht.

Pasta mit Käse-Knoblauchsoße

Ein schnelles Wohlfühlessen für alle Knoblauchfans, die nicht gern lang am Herd stehen? Kein Problem mit dieser einfachen Käse-Knoblauchsoße. Wer mag, bringt z.B. mit frischen Spinatblättern oder halbierten Cherrytomaten Abwechslung auf den Teller und wandelt dieses vielseitige Grundrezept ab.

Schwierigkeitsgrad: *einfach*
Dauer: *ca. 15 Minuten*

Zutaten für 4 Portionen:

» 500 g Nudeln, z.B. Penne oder Spaghetti
» 2-3 Knoblauchzehen
» 1 Zwiebel
» 45 g Butter
» 60 g Mehl
» 200 ml Sahne
» 150 g geriebener Mozzarella
» 1 Bund frische Petersilie
» Salz
» Pfeffer

Utensilien: Kochtopf, Bratpfanne, Schneebesen

Zubereitung:

Die Nudeln nach Packungsanleitung zubereiten.

Die Zwiebel und den Knoblauch fein hacken. Beides gemeinsam in der Pfanne anbraten, beiseite stellen.

In der Pfanne Butter schmelzen und in die heiße Butter nach und nach das Mehl unterrühren, dabei ständig rühren. Die entstehende Mehlschwitze wird mit der Zeit goldgelb, dann ist sie gut. Mit Sahne ablöschen und nach und nach den Mozzarella in die Soße geben. Zwiebeln und Knoblauch hinzufügen, salzen und pfeffern. Die Soße ist fertig, wenn der Käse kaum noch Fäden zieht und sich gut aufgelöst hat.

Rigatoni al Forno

Wieso Rigatoni al Forno beim Italiener bestellen, wenn es genauso leicht selber geht? Der Vorteil: von dieser großen Portion bleibt etwas übrig und das lässt sich wunderbar am Folgetag fürs Mittagessen nochmal warm machen. Auch mit den Zutaten lässt sich variieren, um den beliebten italienischen Klassiker abwechslungsreicher zu gestalten.

Schwierigkeitsgrad: *einfach*
Dauer: *ca. 45 Minuten.*

Zutaten für 4 Portionen:

» 500 g Nudeln, z.B. Penne oder Makkaroni
» 250 g Hackfleisch
» 1 Zwiebel
» 400 g Tomaten aus der Dose, fein gehackt
» 200 g saure Sahne
» optional 1 Dose Erbsen
» optional 200 g Kochschinken, in kleine Stücke geschnitten
» 150 g geriebener Käse, z.B. Mozzarella

Utensilien: Topf, Auflaufform

Zubereitung:

Den Ofen auf 200 °C vorheizen.

Die Nudeln 1 Minute weniger als angegeben nach Packungsanleitung in Salzwasser kochen, abgießen und in die Auflaufform geben.

Die Zwiebel hacken und anbraten, bis sie glasig wird. Das Hackfleisch mitbraten und mit den Tomaten ablöschen. Die saure Sahne in der Soße auflösen und weitere optionale Zutaten dazugeben. Die Soße über den Nudeln verteilen, mit Käse bestreuen und ca. 25 Minuten backen, bis der Käse goldbraun geworden ist.

Chicken Alfredo

Auf die Kalorien darf man bei Chicken Alfredo zugegebenermaßen nicht schauen, aber es ist so lecker! Kaum jemand kann hier widerstehen und jeder Knoblauch-Fan kommt hier voll auf seine Kosten.

Schwierigkeitsgrad: einfach
Dauer: ca. 30 Minuten.

Zutaten für 4 Portionen:

» 500 g Hähnchenbrustfilets
» 400 g Spaghetti
» 3 Knoblauchzehen
» 100 g Butter
» 250 ml Sahne
» 200 g geriebener Parmesan
» 1 Bund frische Petersilie
» 1 EL Hähnchen-Gewürzmischung
» Salz
» Pfeffer
» Olivenöl

Utensilien: Bratpfanne, Topf

Zubereitung:

Das Hähnchenbrustfilet der Länge nach halbieren, um sie flacher zu bekommen.

Die Knoblauchzehen abziehen und fein hacken.

Das Hähnchen mit 2 EL Olivenöl, Hähnchen-Gewürzmischung, gehackter Petersilie und Salz in eine Schüssel geben und das Fleisch damit einreiben, dann beiseite stellen.

Die Nudeln nach Packungsanleitung zubereiten.

In einer großen Bratpfanne die Butter schmelzen und den Knoblauch kurz darin anbraten. Mit Sahne ablöschen und Parmesan dazugeben, verrühren und bei niedriger Hitze ca. 5 Minuten leicht köcheln lassen. Zwischendurch Salz und Pfeffer unterrühren.

Die Hähnchenbrust in Olivenöl auf höchster Stufe scharf anbraten und dann ca. 2-3 Minuten pro Seite durchbraten. Kurz abkühlen lassen, dann in Streifen schneiden und auf die Pasta geben.

Spinat-Frischkäse-Nudeln mit Chili

Vom Frischkäse bleibt oft etwas übrig - und das wird für diese leckeren und gesunden Nudeln verwendet. Das Rezept ist denkbar einfach, gewinn aber durch die Chili-Semmelbrösel an Komplexität und macht trotz weniger Zutaten etwas her. Wer es gerne scharf mag, kann noch eine rote Chilischote in die Pastasauce geben oder Chiliflocken auf den Nudeln verteilen.

Schwierigkeitsgrad: einfach
Dauer: ca. 2 Minuten

Zutaten für 4 Portionen:

» 400 g Nudeln
» 400 g Hähnchengeschnetzeltes
» 200 g Rahm-Spinat
» 200 g Frischkäse
» Muskat
» Salz
» Pfeffer
» Schuss Zitronensaft
» 3 EL Semmelbrösel oder Panko
» 1 TL Butter
» 1 TL Chilipulver

Utensilien: Topf, Bratpfanne

Zubereitung:

Die Nudeln nach Packungsanleitung zubereiten.

Das Hähnchen in der Pfanne scharf anbraten, dann mit weniger Hitze durchgaren. Den Spinat im gleichen Topf direkt auftauen und den Frischkäse unterrühren. Mit Gewürzen abschmecken und einen kleinen Schuss Zitronensaft in die Soße geben.

In der Zwischenzeit in etwas Butter die Semmelbrösel und das Chilipulver anbraten, dabei gut verrühren. Dieses wird als Topping auf die Pasta gegeben.

Bauerntopf mit Hackfleisch

Rustikal geht es mit diesem sättigenden Bauerntopf zu. Regionale Zutaten, die satt und zufrieden machen, kommen auf den Teller. Manche mögen ihn mit Nudeln, anderen reicht er auch so - denn gehaltvoll ist er. Der Bauerntopf lässt sich auch am nächsten Tag als Mittagessen wieder aufwärmen.

Schwierigkeitsgrad: *einfach*
Dauer: *ca. 1 Stunde*

Zutaten für 4 Portionen:

» 500 g Kartoffeln, festkochend
» 1 rote Paprika
» 1 gelbe Paprika
» 2 Karotten
» 500 g Hackfleisch
» 400 ml Gemüsebrühe
» 1 Dose Tomaten, fein gehackt
» 2 TL Paprikapulver
» 1 TL Chilipulver
» 1 Bund frische Petersilie
» optional Nudeln oder Reis als Beilage
» saure Sahne zum Servieren

Utensilien: Kochtopf

Zubereitung:

Die Kartoffeln würfeln und ca. 30 Minuten kochen, dann abgießen.

Im gleichen Topf das Hackfleisch anbraten. Währenddessen die Paprika waschen, vierteln und in Streifen schneiden und direkt mitbraten. Die Karotten schälen und in feine Streifen schneiden, ebenfalls mitbraten. Dann das Ganze mit Gemüsebrühe ablöschen.

Tomatenmark in der Brühe auflösen. Alle Gewürze hinzufügen, die Petersilie vorher hacken. Dann die Kartoffeln in den Topf geben und das Ganze ca. 15 Minuten bei mittlerer Hitze köcheln lassen.

Zum Servieren entweder Nudeln oder Reis als Beilage kochen oder ohne weitere Beilage servieren. Dazu passen ein Klecks saurer Sahne sowie Baguette.

Nudeln mit Jägersoße

Der Jäger liebt alles, was er im Wald finden kann, und das sind vor allem Pilze. Diese leckere Nudelsoße gelingt auch mit jeder anderen Pilzsorte oder einer Pilz-Mischung für mehr geschmackliche Vielfalt. Tipp: Pilze brauchen viel Hitze und auch viel Fett, sonst ziehen sie zu viel Flüssigkeit und bekommen keine angenehme Konsistenz. Lieber etwas länger als zu kurz anbraten, lieber mehr als zu wenig Hitze nehmen.

Schwierigkeitsgrad: einfach
Dauer: ca. 30 Minuten

Zutaten für 4 Portionen:

- 500 g Nudeln, z.B. Penne
- 300 g weiße oder braune Champignons
- 1 Zwiebel
- 200 ml Sahne
- 200 ml Gemüsebrühe
- 150 g Schinkenwürfel
- Salz
- Pfeffer
- optional Piment

Utensilien: Kochtopf, Bratpfanne

Zubereitung:

Die Nudeln nach Packungsanleitung zubereiten.

Die Zwiebel fein hacken. Die Champignons putzen und in Streifen schneiden.

Die Zwiebeln in der Pfanne anbraten, bis sie glasig werden.
Dann auf hoher Hitze die Champignons mit anbraten und nach Bedarf mehr Fett in die Pfanne geben. Zum Schluss die Schinkenwürfel in die Pfanne geben. Das Ganze mit der Gemüsebrühe und der Sahne ablöschen, kurz aufkochen lassen und dann die Hitze herunterdrehen. Die Gewürze unterrühren und ca. 5 Minuten köcheln lassen - fertig.

Senf-Hähnchen mit Erbsen

Eine leckere Senfsoße geht immer und passt auch zu praktisch allem. Das fettarme Hähnchen und die Erbsen machen aus diesem schnellen Gericht eine proteinreiche und gesunde Idee. Wer eine Beilage möchte, kann dazu Salat servieren oder frisches Baguette in die Soße tunken.

Schwierigkeitsgrad: *einfach*
Dauer: *ca. 30 Minuten.*

Zutaten für 4 Portionen:

» 500 g Hähnchenbrustfilet
» 1 Zwiebel
» 1 Knoblauchzehe
» 1 EL Öl
» 250 ml Gemüsebrühe
» 200 ml Sahne
» 1 EL Tomatenmark
» 1 EL Senf, mittelscharf
» 2 EL Röstzwiebeln (fertig)
» 300 g Erbsen
» 1 EL Petersilie
» Salz
» Pfeffer

Utensilien: Bratpfanne

Zubereitung:

Die Zwiebel fein hacken. Den Knoblauch pressen oder fein würfeln.

Das Hähnchen waschen, trocknen und in Streifen schneiden. Dann in der Pfanne scharf anbraten und von jeder Seite ca. 2-3 Minuten durchbraten. In der gleichen Pfanne Zwiebeln und Knoblauch mitbraten, bis die Zwiebeln glasig werden.

Dann das Tomatenmark dazugeben, kurz mitbraten und mit Brühe und Sahne ablöschen. Kurz aufkochen, dann auf mittlere Hitze reduzieren.

Nacheinander Senf, Erbsen und Kräuter dazugeben und 5 Minuten köcheln lassen. Mit Salz und Pfeffer abschmecken.

Zum Servieren mit den Röstzwiebeln garnieren.

Tortellini-Brokkoli-Auflauf

Tortellini lassen durch die vielen verschiedenen Füllungen so viel Vielfalt auf dem Teller zu. In diesem Rezept passen beispielsweise Käse- oder Spinat-Ricotta-Füllungen besonders gut, da bereits Kochschinken enthalten ist. Es gelingt aber auch mit allem, was sonst noch schmeckt.

Schwierigkeitsgrad: *einfach*
Dauer: *ca. 45 Minuten.*

Zutaten für 4 Portionen:

» 400 g fertige Tortellini mit Füllung nach Geschmack
» 1 Kopf Brokkoli
» Handvoll Cherrytomaten
» 200 g Kochschinken
» 200 ml Sahne
» 200 ml Gemüsebrühe
» 150 g geriebener Gouda oder Emmentaler
» Salz
» Pfeffer

Utensilien: Auflaufform, Kochtopf

Zubereitung:

Den Ofen auf 180 °C vorheizen.

Die Tortellini ungekocht in der gefetteten Auflaufform verteilen.

Den Brokkoli in Röschen zerteilen, waschen und in Salzwasser ca. 5 Minuten blanchieren. Abgießen und auf den Tortellini verteilen.

Die Cherrytomaten halbieren, den Kochschinken in kleine Rechtecke schneiden. Beides über dem Gemüse verteilen.

Sahne und Gemüsebrühe in einem hohen Gefäß miteinander verrühren. Salzen und pfeffern, dann auf dem Auflauf verteilen. Mit Käse bestreuen und ca. 25 Minuten bei 180°C backen, bis der Käse goldbraun wird.

Überbackene Rösti

Rösti kennt man eher als Beilage zu deftigen, aber auch kalorienreichen Sahnesoßen. Traditionell findet man sie in der Schweizer Küche, was aber nicht bedeutet, dass sie in dieser mediterranen Variante nicht auch lecker schmecken. Die überbackenen Rösti können auch mit würzigerem Käse wie Bergkäse abgewandelt werden oder mit weiterem Gemüse noch etwas vitaminreicher gemacht werden.

Schwierigkeitsgrad: *einfach.*
Dauer: *ca. 45 Minuten.*

Zutaten für 4 Portionen:

- 1 Beutel fertige Rösti-Ecken, ca. 750 g
- 1 Dose Tomaten, fein gehackt
- 1 Kugel Mozzarella
- 1 Zwiebel
- 2-3 Knoblauchzehen
- 1 EL getrockneter Oregano
- 2 EL Tomatenmark
- Salz
- Pfeffer
- 1/2 Bund Basilikum

Utensilien: Auflaufform, Topf

Zubereitung:

Den Backofen auf 180 °C vorheizen.

Zwiebeln und Knoblauchzehen fein hacken. Beides zusammen im Topf mit Öl glasig andünsten. Tomatenmark dazugeben und kurz mit anrösten, dann mit den Tomaten ablöschen. Mit Oregano, Salz und Pfeffer abschmecken und ganz zum Schluss eine kleine Prise Zucker unterrühren. Dann ca. 5 Minuten auf niedriger Hitze köcheln lassen.

In der Zwischenzeit in einer Bratpfanne Öl erhitzen und die Rösti-Ecken darin anbraten. Den Mozzarella in 8 Scheiben schneiden. Dann Rösti in die Auflaufform legen und jeweils eine Scheibe Mozzarella auflegen.

Die Tomatensoße in die Auflaufform füllen. Bei 180 °C ca. 15 Minuten backen. Zum Schluss die Basilikumblätter fein hacken und zum Servieren damit bestreuen.

Nudeln mit Hackfleisch-Pilz-Soße

Pilze, Hackfleisch, Tomaten und Paprika passen in allen Kombinationen zueinander. Diese einfache, aber geschmackvolle Nudelsoße weckt Kindheitserinnerungen und geht schnell, schmeckt aber deswegen nicht weniger gut. Auch die enthaltenen Nährstoffe lassen sich sehen. Für mehr Abwechslung auf dem Teller bietet es sich an, die Pilze durch andere Sorten wie Kräuterseitlinge, Pfifferlinge oder Austernpilze auszutauschen - je nachdem, was gerade Saison hat.

Schwierigkeitsgrad: *einfach.*
Dauer: *ca. 20 Minuten.*

Zutaten für 4 Portionen:

» 400 g Hackfleisch
» 250 g weiße oder braune Champignons
» 250 g Nudeln, z.B. Penne
» 1 rote Paprika
» 1 Zwiebel
» 200 ml Gemüsebrühe
» 2 TL Tomatenmark
» 1 Dose Tomaten, fein gehackt
» 1 TL Paprikapulver, edelsüß
» 1 TL getrockneter Oregano
» 1 TL getrockneter Thymian

Utensilien: Bratpfanne, Kochtopf

Zubereitung:

Die Nudeln nach Packungsanleitung zubereiten.

Die Zwiebel fein hacken. Die Paprika vierteln und in feine Streifen schneiden. Die Champignons putzen und ebenfalls in Streifen schneiden, optional können sie geviertelt werden.

Die Zwiebel in der Bratpfanne glasig braten. Dann das Hackfleisch in der gleichen Pfanne mitbraten. Zuletzt die Paprika und dann die Champignons dazugeben. Das Ganze wird auf hoher Hitze gebraten, da die Pilze diese brauchen. Zuletzt das Tomatenmark kurz mit anrösten, dann mit Brühe und den Tomaten ablöschen. Alle Gewürze unterrühren, kurz aufkochen und ca. 5 Minuten bei mittlerer Hitze köcheln lassen.

Ofenkartoffeln mit gebackenen Bohnen

Diese Ofenkartoffeln werden nicht einfach nur langweilige Kartoffeln aus der Folie. Sie werden knusprig von außen und weich von innen - aber wie? Das ganze Geheimnis ist das Abkochen in Natron, Backpulver geht aber auch. So erhalten Sie eine wunderbar knusprige Kruste und diese kann sogar mitgegessen werden, so lecker ist sie. Die Toppings können beliebig abgewandelt werden, zum Beispiel bietet sich auch ein Rest Chili con Carne oder Hackfleischsoße an.

Schwierigkeitsgrad: einfach.
Dauer: ca. 1,5 Stunden

Zutaten für 4 Portionen:

- 8 große Ofenkartoffeln pro Person (2 pro Person), mehlig kochend
- 2 Dosen Baked Beans in Tomatensoße
- Butter
- Öl
- Salz
- Pfeffer
- 1 TL Natron oder Backpulver
- geriebener Käse nach Geschmack, z.B. Cheddar

Utensilien: Backblech, Alufolie, Topf

Zubereitung:

Die Kartoffeln putzen, nicht schälen und ca. 45 Minuten in Wasser mit Natron oder Backpulver kochen. Dann abgießen und kurz abkühlen lassen.

Den Ofen auf 220 °C vorheizen.

Jede Kartoffel einzeln in ein Stück Alufolie wickeln. Vor dem Einwickeln mit etwas Butter und Öl, Salz, Pfeffer bestreuen, von allen Seiten. Dann das Päckchen einwickeln und die Kartoffeln ca. 1 Stunde in den Ofen setzen.

Kurz vor Ende der Backzeit die gebackenen Bohnen im Topf erwärmen.

Zum Servieren 1-2 Kartoffeln auf jeden Teller setzen und mittig aufschneiden, mit gebackenen Bohnen bedecken und mit Käse bestreuen.

Gefüllte Paprika mit Reis

Gefüllte Paprika sind leicht vorzubereiten und schmecken alleine durch die Tomatensoße jedem. Sie sind ein tolles Rezept für mehrere Personen, denn es kann beliebig mehr gemacht werden. Wer den Ofen nicht einschalten will, kann sie mit Deckel auch in einem großen Topf auf dem Herd schmoren, das klappt genauso gut. Sie lassen sich auch gut wieder aufwärmen und schmecken noch genauso lecker.

Schwierigkeitsgrad: *einfach.*

Dauer: *ca. 45 Minuten.*

Zutaten für 4 Portionen:

» 10 rote oder gelbe Paprika
» 500 g Hackfleisch
» 100 g Reis
» 1 kleine Dose Tomatenmark
» 1 Ei
» 1 Zwiebel
» Paprikapulver
» 1 EL Butter
» 1 EL Mehl
» 500 ml Gemüsebrühe
» Prise Zucker

Utensilien: Ofenform, Topf, Schneebesen

Zubereitung:

Den Ofen auf 200 °C vorheizen. Den Reis nach Packungsanleitung kochen und kurz abkühlen lassen.

Die Zwiebel fein hacken. Aus dem Hackfleisch, dem fertigen Reis, verquirltem Ei und den Zwiebeln einen Teig herstellen und die Gewürze damit vermengen.

Die Paprika waschen, den oberen Teil abschneiden und von innen aushöhlen, Kerne herausnehmen. Dann mit dem Hackfleischteig füllen. Falls etwas übrig bleibt, werden daraus einfach Bällchen gemacht und neben den Paprika in die Ofenform gelegt.

Die Butter im Topf schmelzen und nach und nach das Mehl dazugeben, dabei ständig mit dem Schneebesen rühren. Die Mehlschwitze muss goldbraun, aber nicht braun werden. Dann mit Brühe ablöschen, das Tomatenmark dazugeben und aufkochen. Salzen und pfeffern und mit einer winzigen Prise Zucker die Säuren neutralisieren. Die Soße über die Paprika geben.

Im Backofen ca. 30-40 Minuten schmoren.

Tomatenreis mit Bratwurst

Lust auf Bratwurst, aber ein Bratwurstbrötchen ist einfach zu wenig? Dann ist dieser tomatige Reis mit gebratener Beilage genau das Richtige! Durch den Reis macht er satt, den Geschmack liefern die Tomaten und die Bratwurst kann entweder in Scheibchen unter den Reis gemischt oder ganz daneben gelegt werden, was ebenfalls lecker aussieht.

Schwierigkeitsgrad: *einfach*
Dauer: *ca. 30 Minuten*

Zutaten für 4 Portionen:

» 400 g grobe Bratwurst
» 2 rote Paprika
» 2 weiße Zwiebeln
» 600 ml Gemüsebrühe
» 1 Dose Pizzatomaten
» 2 Knoblauchzehen
» 1 TL Paprikapulver (edelsüß)
» 1 TL Paprikapulver (rosenscharf)
» 200 g Langkornreis
» 2 EL Tomatenmark
» Salz
» Pfeffer

Utensilien: Bratpfanne, Topf

Zubereitung:

Den Reis nach Packungsanweisung zubereiten.

Die Bratwurst in Scheiben schneiden und dann in der Pfanne anbraten. Die Scheiben beiseite stellen.

Die Zwiebel fein hacken und die Paprika vierteln und in mundgerechte Stücke schneiden.

Die Zwiebel braten, bis sie glasig wird. Die Fleischwürfel mitbraten, bis sie durch sind. Zum Schluss die Paprika kurz anbraten, Tomatenmark ebenfalls kurz anbraten und mit den Tomaten und der Brühe ablöschen. Alle Gewürze hinzufügen und ca. 5 Minuten auf mittlerer Hitze köcheln lassen. Dann die Soße mit dem Reis und den Bratwurstscheiben vermengen und servieren.

Einfacher Schokopudding

Schokopudding gab es bisher immer aus dem Tütchen? Das geht zwar schnell - aber auch nicht schneller als dieses einfache Grundrezept, das immer gelingt. Der Vorteil daran ist, dass hier genau die Schokolade verwendet werden kann, die schmeckt. Es geht auch mit Zartbitterschokolade.

Schwierigkeitsgrad: einfach
Dauer: ca. 20 Minuten

Zutaten für 4 Portionen:

» 70 g Vollmilchschokolade
» 70 ml Milch
» 2 EL Kakaopulver
» 50 g Zucker
» 2-3 EL Speisestärke

Utensilien: Kleiner Kochtopf, Schneebesen

Zubereitung:

Die Vollmilchschokolade in kleine Stücke hacken. Das geht am besten mit einem großen Messer. Die Schokolade wird aufs Schneidebrett gelegt, die Handfläche auf die Oberseite der Klinge gelegt und dann die Schokolade gehackt. Sie muss nicht zu fein werden.

Dann im Topf mit der Milch aufkochen und ständig umrühren. Die Hitze sofort auf niedrige bis mittlere Stufe reduzieren. Wenn sie geschmolzen ist, werden Kakao und Zucker eingerührt, bis die Zuckerkörner nicht mehr zu sehen sind. Zum Schluss wird mit einem Sieb die Speisestärke nach und nach hinzugefügt. Das geschieht unter ständigem Rühren, damit sich keine Klumpen bilden. Der Pudding wird danach noch kurz weitergekocht und kann dann entweder warm oder kalt serviert werden.

Nougat-Sahne-Dessert

So wenige Zutaten - und doch so wirkungsvoll. Dieses Dessert lässt sich wunderbar auch im Stress zubereiten, denn außer dem Aufschlagen der Sahne muss hier gar nicht viel mehr gemacht werden. Tipp: wenn Schlagsahne aufgeschlagen werden soll, muss sie immer gekühlt sein, andernfalls gelingt sie nicht. Wer die Konsistenz gern fester haben möchte, kann Sahnesteif hinzufügen.

Schwierigkeitsgrad: einfach
Dauer: ca. 1 Stunde.

Zutaten für 4 Portionen:

- 400 g Nougat zum Backen
- 400 ml Schlagsahne (gekühlt)
- 1 Päckchen Vanillezucker
- abgeriebene Schale einer Orange
- Schokosplitter oder Krokant zum Dekorieren

Utensilien: Mixer oder Handrührgerät, Topf, Schüssel, 4 Gläser

Zubereitung:

Die kalte Schlagsahne in der Schüssel aufschlagen. Währenddessen in einem kleinen Topf im Wasserbad den Nougat erwärmen. Er muss vollständig flüssig sein, darf aber auch nicht zu heiß werden. Konstante mittlere Hitze bringt hier mehr als zu wenig oder gar hohe Hitze. Dann wird der warme Nougat direkt zusammen mit dem Zucker und der Orangenschale (gibt es fertig zu kaufen) in die Sahne gegeben und sofort verrührt. Achtung: nicht zu viel rühren, nur so, dass sich die Substanzen verbinden.

Die warme Masse wird sofort in 4 Gläser gefüllt. Diese werden mit der Deko bestreut und in den Kühlschrank gestellt. Nach ca. 1 Stunde ist die Masse fest geworden.

Erdbeer-Buttermilch-Shake

Erdbeeren und Buttermilch sind eine sommerliche, erfrischende Mischung, die immer gut ankommt. Gerade nach einem eher reichhaltigen Essen, wenn der Dessertmagen zwar Lust, aber keinen Platz mehr hat, ist dieser leckere Smoothie eine gute Wahl. Gerade an warmen Tagen bietet es sich an, einige Pfefferminzblätter mit in den Smoothiemaker zu geben, da sie kühlend und erfrischend wirken. Wer keinen Smoothiemaker besitzt, kann das Ganze genauso gut mit dem Pürierstab zubereiten.

Schwierigkeitsgrad: *einfach*
Dauer: *ca. 10 Minuten*

Zutaten für 4 Portionen:

» 150 g Erdbeeren (frisch oder TK)
» 150 ml Buttermilch
» 1/2 Päckchen Vanillezucker
» frische Minzblätter und Erdbeeren zum Dekorieren

Utensilien: hohes Gefäß, Pürierstab oder Smoothiemaker

Zubereitung:

Die Erdbeeren entweder kurz auftauen, damit sie sich voneinander lösen lassen, oder bei frischen Erdbeeren das Grüne abtrennen und die Früchte halbieren. Optional können einige frische Erdbeeren zur Deko aufbewahrt werden.

Dann kommen alle Zutaten bis auf die Deko in den Smoothiemaker oder ins Gefäß. Wichtig: nicht die Erdbeeren zuerst alleine pürieren. Dieser Vorgang braucht immer Flüssigkeit. Alles pürieren, in Gläser geben, dekorieren und servieren.

Brownies mit Orangennote

Diese Brownies sind etwas pfiffig, was an der Kuvertüre liegt. Ganz traditionell sind sie auch nicht, denn "echte" Brownies werden ohne Mehl gemacht und die zarte Orangennote dieser schokoladigen Leckerbissen haben sie auch nicht. Diese Variante ist feiner und nebenbei gesagt auch so viel besser als alles, was man kaufen könnte.

Tipp: die Brownies werden nach dem Backen und auch mit abgekühlter Kuvertüre immer etwas zu feucht wirken. Das sind sie aber nicht - das liegt an der vielen Schokolade und soll genau so sein.

Schwierigkeitsgrad: mittel
Dauer: ca. 1,5 Stunden

Zutaten für 1 Blech:

Für die Schoko-Orangen-Kuvertüre:

» 300 g Vollmilchschokolade
» 80 ml Orangensaft
» abgeriebene Schale einer Orange
» 150 Schlagsahne
» 20 g Butter ohne Salz oder Öl

Für den Teig:

» 200 g der oben beschriebenen Kuvertüre (Achtung, 150 g davon aufheben!)
» 125 g Butter ohne Salz
» 100 g brauner Zucker
» 50 g weißer Zucker
» 75 ml Orangensaft
» 175 g Mehl
» 1 EL Kakaopulver
» 1 TL Zimt

Utensilien: hohes Gefäß, Kochtopf, Schüssel, Mixer, flache Backform (es geht auch eine große Auflaufform, die mit Backpapier ausgelegt wird)

Zubereitung:

Zunächst die Ganache zubereiten. Dazu alle Zutaten in ein hohes Gefäß geben und im Wasserbad sanft schmelzen. Die Sahne wird nicht aufgeschlagen, sie kommt flüssig ins Gefäß. Lieber mit weniger Hitze arbeiten und Zeit lassen. Die fertige Kuvertüre im Wasserbad stehen lassen, aber die Hitze abschalten, damit sie warm bleibt.

Den Ofen auf 170°C vorheizen.

Für den Teig alle Zutaten in eine große Schüssel geben und miteinander vermischen. Zum Schluss etwa 200 g der Kuvertüre unterrühren.

Den Brownie-Teig in die Backform geben. Wer keine solche Form besitzt, nimmt einfach die Auflaufform und legt sie mit Backpapier aus.

Die Brownies ca. 30 Minuten backen. Sie werden noch flüssig wirken, was an der Kuvertüre liegt. Auch ein Stichtest mit dem Zahnstocher würde eher vermuten lassen, dass sie nicht ganz fertig sind. Sie sind es aber.

Die Kuvertüre, die währenddessen die ganze Zeit im Wasserbad stand, kann nach Bedarf noch einmal kurz erwärmt werden. Dann wird sie direkt über die Brownies gegossen und das Ganze muss einige Stunden kühlen.

Oreo-Joghurt-Dessert mit Himbeeren

Jeder liebt Oreos und sie machen aus Joghurt mit Himbeeren ein Dessert, das wie aus dem Restaurant schmeckt. Was beinahe niemand weiß: Sie sind sogar vegan, denn es handelt sich bei der weißen Füllung nicht um Milchcreme. Die Beeren auf diesem Dessert können natürlich je nach Saison beliebig abgewandelt werden und es kann auch Marmelade verwendet werden, wenn die gewünschten Beeren gerade nicht verfügbar sind.

Schwierigkeitsgrad: einfach
Dauer: ca. 20 Minuten

Zutaten für 4 Portionen:

» 2 Packungen Oreos
» 500 g Naturjoghurt
» 1 Päckchen Vanillezucker
» 2-3 EL Schokosplitter
» 200 g frische Himbeeren

Utensilien: 4 Gläser, Schüssel

Zubereitung:

Die Oreos aus der Packung nehmen und zerstoßen. Sie müssen nicht allzu fein werden, sollten aber danach bröseln. Sie kommen als unterste Schicht zu gleichen Teilen in die 4 Dessertgläser.

Dann den Naturjoghurt mit dem Vanillezucker und den Schokosplittern mischen. Das wird am besten mit einem Löffel gemacht, um die Splitter nicht zu zerbröseln. Dann zu gleichen Teilen auf die Gläser verteilen.

Zum Schluss das Ganze mit frischen Himbeeren toppen und in den Kühlschrank stellen, bis die Desserts serviert werden.

Tassenkuchen

Tassenkuchen eignen sich für den spontanen Hunger auf Kuchen, wenn gerade keine Lust da ist, einen ganzen Kuchen umständlich zu backen. Sie schmecken genauso wie ein großes Stück von der Kuchenplatte und gehen nicht nur schneller, sondern lassen sich auch portionieren. Als Dessert sind sie wunderbar geeignet, da sie sich gut vorbereiten lassen. Dazu wird einfach der Teig vorab hergestellt und in die Tassen gefüllt und zum richtigen Zeitpunkt in die Mikrowelle gestellt.

Schwierigkeitsgrad: einfach

Dauer: ca. 30 Minuten

Zutaten für 4 Portionen:

» 12 EL Mehl
» 2 Eier
» 10 EL Schokoladentröpfchen
» 12 EL Vollmilch
» 4 EL Zucker
» 2 Päckchen Vanillezucker
» 1 TL Backpulver
» 5 EL Öl
» Prise Salz

Utensilien: 4 Tassen, Schüssel, Mixer, Mikrowelle

Zubereitung:

Für diesen einfachen Kuchen werden zuerst die nassen und dann die trockenen Zutaten in einer Schüssel miteinander verrührt. Die Schokotropfen kommen zuletzt in den Kuchenteig und werden nur mit einem Löffel untergehoben. Der Mixer könnte sie andernfalls zerstören oder der Teig würde dadurch in alle Richtungen spritzen.

Der fertige Teig wird auf 4 Tassen aufgeteilt. Ideal sind eher breite, flache Tassen, beispielsweise Teetassen. Aber Vorsicht: sie müssen Mikrowellenfest sein.

Die Kuchentassen kommen bei 800 Watt für 3-4 Minuten in die Mikrowelle. Alternativ können sie bei 180 °C ca. 15-20 Minuten im Backofen ausgebacken werden.

Herrencreme

Herrencreme ist ein Klassiker, der auf dem intensiven Aroma von Rum beruht. Das Original wird mit echtem Rum gemacht, aber wer diese Kosten scheut, kann auch stattdessen Rum-Aroma aus der Backabteilung verwenden. Dieser ist alkoholfrei und eignet sich für Gäste, die noch fahren müssen und deswegen gerne ganz auf Alkohol verzichten möchten. Er schmeckt genauso gut wie echter Rum.

Schwierigkeitsgrad: einfach
Dauer: ca. 30 Minuten

Zutaten für 4 Portionen:

- 50 ml Milch
- 1 Päckchen Puddingpulver mit Vanillegeschmack
- 30 g Zucker
- 1 Fläschchen Rum-Aroma
- 70 g Zartbitter-Schokolade
- 150 ml Schlagsahne

Utensilien: Kochtopf, Mixer, 4 Gläser

Zubereitung:

Aus der Milch, dem Puddingpulver und dem Zucker wird im Kochtopf nach Anweisung auf der Verpackung ein Vanillepudding gekocht. Dieser muss erst ein wenig abkühlen - andernfalls würde sich auf der fertigen Herrencreme eine unschöne Haut bilden.

Dann wird das Rum-Aroma eingerührt.

Die Schokolade wird zerbrochen und mit einem großen Messer auf dem Schneidebrett gehackt. Sie sollte so fein wie möglich, aber nicht bröselig werden. Diese wird in die Creme eingerührt.

Zuletzt wird die kalte Schlagsahne geschlagen und untergerührt. Hierzu sollte der Pudding nur noch maximal lauwarm sein. Die Herrencreme wird kaltgestellt, bis sie serviert wird.

Pfefferminz-Creme

Wer frische Pfefferminze liebt, wird bei diesem tollen Dessert garantiert weich. Viele Pfefferminz-Desserts setzen auf komplizierte Zutaten wie Pfefferminz-Likör oder -Aroma, die nicht immer leicht zu beschaffen sind. Dabei gibt es im Schokoladenregal eine Zutat, die ganz einfach Abhilfe schafft: After Eight. Sie eignen sich nicht nur zur Deko, sondern geben auch ihren Geschmack an die Creme ab.

Schwierigkeitsgrad: einfach
Dauer: ca. 30 Minuten

Zutaten für 4 Portionen:

» 200 ml Schlagsahne
» 250 g Mascarpone
» 1 EL Puderzucker
» 1 Packung After Eight
» optional grüne Lebensmittelfarbe aus der Tube oder als Pulver
» 1 Bund frische Pfefferminze

Utensilien: Schüssel, Mixer, 4 Gläser

Zubereitung:

Die kalte Schlagsahne mit dem Mixer in der Schüssel aufschlagen und den Puderzucker nach und nach unterheben. Dann das Ganze mit Mascarpone und etwas grüner Lebensmittelfarbe mischen. Diese muss entweder Gel- oder Pulverform haben. Es gibt sie auch als Tropfen, diese würden aber die Masse zu sehr verwässern.

Zum Schluss werden die After Eight mit einem scharfen Messer gehackt. Die Pfefferminze bis auf ein paar Blätter zur Deko ebenfalls fein hacken. Beides mit einem Löffel unterrühren. Achtung: dieser Schritt wird nicht mit dem Mixer gemacht, das würde die After Eight zerschlagen.

Die fertige Masse kommt in die 4 Gläser und wird kaltgestellt, bis sie serviert wird.

Schoko-Vanille-Schichtdessert

Dieses Schichtdessert ist ganz einfach und wird vor allem durch seine Optik zu einem Hingucker. Es kann natürlich auch einfach Schicht auf Schicht serviert werden - besonders wird es aber, wenn die Gläser schräg in den Kühlschrank gestellt werden. Die Gäste werden sich fragen, wie das nur geklappt hat, den Pudding in geometrischen Linien ins Glas zu bekommen.

Schwierigkeitsgrad: *einfach*
Dauer: *ca. 1 Stunde*

Zutaten für 4 Portionen:

» 1 Packung Schoko-Puddingpulver
» 1 Packung Vanille-Puddingpulver
» 1l Vollmilch
» Schokosplitter oder andere Deko

Utensilien: 2 Kochtöpfe, Schneebesen, 4 Gläser

Zubereitung:

Zunächst wird eine Puddingsorte mit 500 ml Milch im Kochtopf nach Anweisung zubereitet. Diese wird zunächst in die Gläser gefüllt, wobei sie aber leicht schräg gehalten werden. Sie kommen dann für ca. 30 Minuten schräg gestellt in den Kühlschrank, damit die erste Schicht fest werden kann.

Währenddessen wird der nächste Pudding mit den restlichen 500 ml Milch zubereitet. Die nächste Schicht kommt ebenfalls schräg ins Glas und die Gläser werden dann wieder schräg in den Kühlschrank gestellt.

Nach weiteren 30 Minuten kann das Schichtdessert serviert werden.

Einfacher Marmorkuchen

Marmorkuchen geht immer! Aber ein trockener Sandkuchen? Dieses Rezept wird garantiert niemanden husten oder nach einem Glas Wasser fragen lassen. Das Geheimnis ist die enthaltene saure Sahne. Somit eignet sich das Rezept auch gut zur Resteverwertung. Tipp: es gelingt auch in einer Auflaufform, die mit Backpapier ausgelegt wird, wenn keine Kastenkuchenform vorhanden ist.

Schwierigkeitsgrad: *einfach*
Dauer: *ca. 1 Stunde.*

Zutaten für 1 Kastenkuchenform:

» 250 g Butter
» 100 g Zucker
» 1 Päckchen Vanillezucker
» 4 Eier
» 2 EL saure Sahne oder Crème fraîche
» 250 g Mehl
» 1/2 Päckchen Backpulver
» 3 EL Vollmilch
» 2 EL Kakao
» Prise Salz
» Kuvertüre

Utensilien: Schüssel, Mixer oder Handrührgerät, Kuchenform (Kastenform)

Zubereitung:

Den Ofen auf 180 °C vorheizen.

Zunächst Butter, Eier, Vanillezucker und Zucker in einer großen Schüssel cremig rühren. Dann die trockenen Zutaten außer den Kakao in die Schüssel geben und mit Vollmilch zu einem homogenen Kuchenteig verrühren. Zum Schluss saure Sahne oder Crème fraîche unterrühren, die Konsistenz muss aber immer noch teigig bleiben. Die Hälfte des Teigs in die gefettete Kuchenform füllen.

In die andere Hälfte in der Schüssel den Kakao einrühren. Der Teig sollte jetzt dunkelbraun sein. Diese Hälfte auf den hellen Teig füllen und mit einer Gabel oder einem Schneebesen durch den Kuchenteig fahren. Die zwei Teige dürfen nicht miteinander vermischt werden, es soll nur ein schöner Marmor-Effekt entstehen.

Der Kuchen kommt ca. 50 Minuten in den Ofen.

Zum Schluss kann er noch mit Kuvertüre nach Geschmack überzogen werden.

Mascarpone-Beeren-Quark

Dieses einfache Dessert braucht nicht viele Zutaten und ist auch gar nicht aufwendig, schmeckt aber fruchtig-cremig und einfach lecker. Es eignet sich toll für warme Tage, an denen zwar Lust, aber nach dem Hauptgang nicht mehr wirklich Platz vorhanden ist.

Schwierigkeitsgrad: *einfach.*
Dauer: *ca. 20 Minuten*

Zutaten für 4 Portionen:

» 150 g frische Himbeeren
» 250 g Quark
» 250 g Mascarpone
» 1 EL Milch
» 50 g Zucker
» 1 Päckchen Vanillezucker
» Schuss Zitronensaft
» 1 Rippe weiße Schokolade

Utensilien: Mixer, Schüssel, 4 Gläser

Zubereitung:

Die Himbeeren waschen und trocknen lassen. Einige schöne Beeren für die Deko aufheben, den Rest auf die 4 Gläser verteilen.

Quark und Mascarpone in einer Schüssel miteinander verrühren, Zucker und Vanillezucker unterrühren und mit einem Schuss Zitronensaft abschmecken. Wenn sie noch zu fest ist, kann ein Schuss Milch dazugegeben werden, um sie etwas aufzulockern.

Dann wird sie zu gleichen Teilen auf die Gläser verteilt. Zur Deko kommen die schönsten Himbeeren oben auf die Creme.

Die weiße Schokolade wird in Stücke zerbrochen und mit einem breiten Messer gehackt. Das geht am besten, indem die Handfläche auf die Klinge des Messers gelegt wird, so verteilt sich die Kraft optimal. Die Schokolade darf nicht bröselig sein, aber muss möglichst fein werden. Sie wird über die Gläser gestreut.

Solero-Glasdessert

Sommer, Sonne, Solero! Dieses Schichtdessert erinnert an das beliebte Eis und ist gerade im warmen Sommer das Dessert der Wahl. Es schmeckt tropisch, einzigartig und ist zudem auch noch farbenfroh, da die Mango mit ihrem fröhlichen Orange diesen Teil gerne übernimmt.

Schwierigkeitsgrad: einfach
Dauer: ca. 30 Minuten

Zutaten für 4 Portionen:

- 1 frische Mango oder 250 g TK-Mango
- 250 g Quark
- 250 g Mascarpone
- 1 Päckchen Vanillezucker
- 50 g Zucker
- 4 EL Schokosplitter, Zartbitter

Utensilien: Pürierstab oder Smoothie-Maker, Schüssel, 4 Gläser

Zubereitung:

Die Mango entweder schälen und würfeln oder die TK-Mango auftauen. Die Frucht in ein hohes Gefäß oder den Smoothie-Maker geben und fein pürieren. Zum Schluss die Schokosplitter mit dem Löffel einrühren.

Alle restlichen Zutaten in der Schüssel mit dem Mixer verrühren. Zu gleichen Teilen in die Gläser füllen. Das Mango-Topping zu gleichen Teilen darauf verteilen und das Dessert bis zum Servieren kalt stellen.

Grießbrei mit Beeren

Grießbrei weckt Kindheitserinnerungen. In dieser Variante ist er aber viel cremiger und nebenbei auch proteinhaltiger. Mit dem Beeren-Topping schmeckt er auch als Nachtisch.

Schwierigkeitsgrad: *einfach*
Dauer: *ca. 15 Minuten*

Zutaten für 4 Portionen:

- 200 g TK-Beerenmischung (z.B. Heidelbeeren, Himbeeren, Brombeeren, Erdbeeren)
- 600 ml Milch
- 60 g Grießpulver
- 350 g Quark

Utensilien: großer Topf, Schneebesen

Zubereitung:

Im Kochtopf bei mittlerer Hitze die Milch und das Grießpulver verrühren. Es muss ständig gerührt werden, andernfalls bildet der Brei Klumpen.

Dann den Magerquark einrühren, die Hitze auf niedrige Stufe herunterdrehen.

Der Grießbrei wird zu gleichen Teilen auf Teller verteilt und mit Beeren getoppt.

Baklava

Baklava sind ein orientalisches Dessert, das bestimmt jeder aus dem Dönerladen kennt. Sie sind pappsüß, aber auf eine sehr leckere Art und Weise. Dass man sie genauso einfach zu Hause selber machen kann, weiß aber kaum jemand.

Tipp: Filoteig ist eine Zutat, die wir hierzulande kaum kennen - dabei liegt sie meistens im Kühlregal direkt neben dem Blätterteig.

Schwierigkeitsgrad: mittel.
Dauer: ca. 1 Stunde.

Zutaten für 1 Auflaufform:

» 450 g Filoteig/Strudelteig
» 150 g gehackte Haselnüsse
» 100 g gemahlene Mandeln
» 75 g gehackte Pistazien
» 250 g Butter
» 200 g Zucker
» 125 g Honig
» 150 ml Wasser
» 1 Zitrone (oder Zitronensaft)
» 1 Messerspitze Zimt

Utensilien: Ofenform, Topf

Zubereitung:

Den Backofen auf 200°C vorheizen.

5 Schichten Filoteig flach auf dem Boden der Ofenform auslegen. Eine Schicht geschmolzene Butter darauf verteilen, dann eine Schicht Nüsse dazugeben und die nächste Teigschicht aus weiteren 5 Teigblättern auflegen. So weitermachen, bis Teig und Nüsse aufgebraucht sind.

Das Ganze in den Ofen stellen und ca. 25 Minuten backen.

Währenddessen aus Zucker, Honig und 150 ml Wasser einen Sirup kochen. Dabei ständig umrühren.

Nach 15 Minuten den Sirup auf den Baklava verteilen. 5 Minuten im Backofen stehen lassen, dieser wird aber ausgeschaltet. Danach die Baklava in kleine Rechtecke schneiden und servieren.

Trauben-Birne mit Vanille-Eis

Trauben-Birnen sind eine sichere Devise, wenn ein eindrucksvolles und fruchtiges Dessert auf den Tisch soll. Mit weiteren Gewürzen wie Anis oder Nelken werden sie sogar weihnachtlich - durch das Vanilleeis schmecken sie aber auch im Sommer noch toll.

Schwierigkeitsgrad: *einfach*

Dauer: *ca. 30 Minuten*

Zutaten für 2 Portionen:

» 2 Birnen (am besten eine feste Sorte)
» 200 ml Traubensaft
» 1/2 TL Zimtpulver
» 3 EL Zucker
» Zitronensaft
» 2 Kugeln Vanilleeis

Utensilien: Kochtopf

Anleitung:

Die Birnen schälen, halbieren und das Kerngehäuse herausschneiden. Dann sofort in einer kleinen Schale in Zitronensaft einlegen, damit sie nicht braun werden. Traubensaft, Zucker und Zimt im Kochtopf aufkochen und die Birnen darin bei mittlerer Hitze 10 Minuten köcheln. Dann herausnehmen und auf zwei Teller legen. Den Traubensud weiter bei mittlerer Hitze einkochen, bis eine Soße daraus entstanden ist. Sie wird immer weiter andicken, je mehr Flüssigkeit verdampft. Das dauert ca. weitere 10 Minuten.

Wenn die Soße fertig ist, kommen die zwei Kugeln Vanilleeis auf die Teller und die Birnen werden mit der Traubensoße beträufelt.

Zur Deko können Schlagsahne oder Pfefferminzblätter verwendet werden.

Panna Cotta mit Erdbeersauce

Panna Cotta ist ein italienischer Klassiker, auf den wir im Restaurant nicht verzichten wollen. Er geht aber auch schnell und einfach zu Hause. Wer keine Erdbeeren mag, kann sie stattdessen auch mit Karamellsoße servieren.

Schwierigkeitsgrad: einfach

Dauer: ca. 30 Minuten, Kühlung mindestens 6 Stunden

Zutaten für 4 Portionen:

» 400 ml Schlagsahne
» 1 Päckchen Vanillezucker
» 4 Blätter Gelatine
» 120 g Zucker
» Handvoll frische Erdbeeren zur Deko
» Erdbeersoße

Utensilien: Kochtopf, Schälchen für die fertige Panna Cotta (Tipp: gekaufte Desserts aus dem Supermarkt gibt es manchmal im Glas, diese eignen sich perfekt dafür)

Anleitung:

Die Gelatineplatten nach Packungsanleitung in kaltem Wasser einweichen.

Alle anderen Zutaten bis auf die Erdbeeren und die Erdbeersoße im Kochtopf miteinander verrühren. Aufkochen, unter ständigem Rühren ca. 5 Minuten köcheln lassen, während die Gelatine quillt.

Die Sahne und die Gelatine werden gleichzeitig fertig. Den Topf von der Hitze nehmen, die Gelatine ausdrücken und unter die Sahne rühren. Sofort in die Förmchen geben und ca. 10-15 Minuten abkühlen lassen.

Die Panna Cotta muss mindestens 6 Stunden gekühlt werden, am besten über Nacht. Zum Servieren mit frischen Erdbeeren und Erdbeersoße garnieren.

Bratäpfel

Nichts erinnert so sehr an die Kindheit wie leckere frische Bratäpfel. Ob zu Vanilleeis, mit Vanillesoße oder pur - jeder liebt sie. Sie brauchen zwar etwas Zeit im Ofen, sind in der Vorbereitung aber einfach.

Schwierigkeitsgrad: *einfach*
Dauer: *ca. 45 Minuten*

Zutaten für 4 Portionen:

» 4 große, rote, feste Äpfel
» 50 g Mandelblättchen
» 50 g Butter
» 80 g Marzipan
» 3 EL Zucker
» 1 TL Zimt
» 150 ml Orangensaft
» 1 EL Zitronensaft

Utensilien: Ofenform, Apfelentkerner (optional), kleines scharfes Messer

Anleitung:

Die Äpfel schälen und das obere Stück (den Deckel) abschneiden und entkernen. Alternativ das Kerngehäuse mit dem Messer kreisförmig herausschneiden, damit in der Mitte eine Aushöhlung entsteht. Die Äpfel in die Form geben.

Den Ofen auf 200 Grad vorheizen.

Butter, 2 EL Zucker, Zimt und Mandeln verrühren. In die Aushöhlung zunächst Marzipanrohmasse drücken, dann mit Mandelbutter auffüllen. Orangen- und Zitronensaft mit 1 EL Zucker aufkochen und über die Äpfel geben.

Die Äpfel 25 Minuten backen. Dann die Deckel aufsetzen und weitere 10 Minuten backen. Dann herausnehmen und mit dem Sud aus Zitronen- und Orangensaft servieren.

Windbeutel

Windbeutel sind doch furchtbar schwer - oder nicht? Der dafür benötigte Brandteig ist eine kleine Herausforderung, aber sie lässt sich meistern. Gefüllt werden können sie dann mit allem, was schmeckt.

Tipp: Sahne lässt sich mit einigen Teelöffeln Marmelade nicht nur anders abschmecken, sondern auch einfärben.

Schwierigkeitsgrad: mittel
Dauer: ca. 40 Minuten

Zutaten für 12 Stück:

» 170 g Mehl
» 5 Eier
» 3 EL Butter
» 2 TL Zucker
» 250 ml Wasser
» Prise Salz

Für die Füllung:
» 400 ml Schlagsahne
» 1 Beutel geriebene Zitronen- oder Orangenschale

Utensilien: kleiner Kochtopf, Spritztüte (alternativ Esslöffel), Mixer

Anleitung:

Den Backofen auf 200 Grad vorheizen und ein Stück Backpapier aufs Backblech legen.

Für den Windbeutel-Teig Butter, Salz, Zucker und Wasser im Kochtopf zum Kochen bringen. Das Mehl auf einmal dazugeben und mit dem Löffel ständig umrühren, bis sich ein zäher Teigkloß bildet - die Hitze muss dabei hoch bleiben. Deswegen heißt dieser Teig auch Brandteig. Dann auf mittlere Hitze reduzieren und den Teigkloß immer wieder umdrehen, bis der Boden des Topfes weiß wird. Durch dieses "abbrennen" entstehen später die Löcher im Teig.

Den Teig in eine Schüssel geben, kurz abkühlen lassen und dann jedes Ei einzeln unterrühren.

Den fertigen Teig entweder in die Spritztüte füllen oder löffelweise aufs Backblech geben.

Die Windbeutel ca. 25 Minuten backen. Währenddessen die Sahne aufschlagen und mit Orangen- oder Zitronenschale verfeinern. Die fertigen Windbeutel müssen kurz auskühlen, dann werden sie mit einem scharfen Messer halbiert und mit Sahne gefüllt.

Gebackene Apfelringe

Gebackene Apfelringe kennen wir aus der Kindheit und manchmal auch aus dem Restaurant. Der Teig dafür ist schnell gemacht und sobald die Äpfel in Scheiben geschnitten sind, kann es auch schon losgehen.

Tipp: sie schmecken besonders gut zu Vanilleeis oder Vanillesoße.

Schwierigkeitsgrad: *einfach*
Dauer: *ca. 20 Minuten*

Zutaten für 4 Portionen:

- 2 große Äpfel
- 200 ml Öl zum Ausbacken

Für den Teig:

- 250 g Mehl
- 200 ml Milch
- 2 Eier
- Prise Salz

Utensilien: Kochtopf, Schneebesen

Anleitung:

Aus Mehl, Milch und Eiern einen flüssigen Teig herstellen. Dann die Eier unterrühren. Das geht am besten in einer flachen Schüssel, zum Umrühren genügt eine Gabel oder ein Schneebesen.

Die Äpfel schälen, das Kerngehäuse herausschneiden und in dicke Scheiben schneiden.

Im Kochtopf das Fett heiß werden lassen.

Die Apfelscheiben in Teig tauchen und im heißen Fett einige Minuten ausbacken, bis der Teig goldbraun wird.

Sie können sofort serviert werden.

Kaiserschmarrn mit Beerengrütze

Kaiserschmarrn gibt es zwar aus der Tüte - viel besser schmeckt er aber, wenn er frisch und selber gemacht wird. So schwer, wie es ihm nachgesagt wird, ist er gar nicht.

Schwierigkeitsgrad: *einfach*
Dauer: *ca. 20 Minuten*

Zutaten für 2 Portionen:

» 2 Eier
» 20 g Zucker
» 170 ml Milch
» 80 g Mehl
» 20 g Butter
» 1 Päckchen Vanillezucker
» 1 Prise Salz

Für die Beerengrütze:
» 200 g Beeren
» 100 ml Wasser
» 3-4 EL Zucker

Utensilien: kleiner Kochtopf, Bratpfanne

Anleitung:

Zunächst die Beerengrütze vorbereiten. Dazu im Kochtopf den Zucker schmelzen, bis er zu braunem Karamell wird. Dann die Beeren und das Wasser dazugeben und 10-15 Minuten auf niedriger Hitze köcheln lassen.

Für den Teig die Butter zunächst etwas schmelzen und abkühlen lassen. Dann die Eier trennen und das Eiweiß mit dem Mixer schaumig schlagen, die Prise Salz und Vanillezucker unter den Eischaum geben. Die Eigelbe in einer weiteren Schüssel mit dem Zucker cremig rühren und langsam die flüssige Butter unterheben. Dann Mehl und Milch mit dem Eischaum verrühren. Die beiden Teige zum Schluss miteinander vermengen.

In der Bratpfanne Butter oder Öl erhitzen und den Teig einfüllen. Bei mittlerer Hitze von unten braun werden lassen und dann mit dem Pfannenwender vierteln. Die Viertel wenden und von der anderen Seite ausbacken lassen. Dann den Teig in gleichmäßige Stücke zerteilen.

Den fertigen Kaiserschmarrn auf Teller verteilen, mit Beerengrütze garnieren und servieren.

1. Auflage

Vertreten durch:

Anna Kastner

Steigerstr. 5

45711 Datteln

Coverdesign: Anna Kastner

Dieses Buch wurde in Übereinstimmung mit den GPSR-Richtlinien der EU zur Sicherheit von Produkten erstellt.

Die Verordnung über die allgemeine Produktsicherheit ist der aktualisierte Rahmen der Europäischen Union, um sicherzustellen, dass alle Verbraucherprodukte, einschließlich Bücher, für Verbraucher sicher sind.

Dieses Buch wurde von CPI books GmbH gedruckt. Der Drucker hat Sicherheitszertifikate für die verwendeten Materialien wie Tinte, Papier und Kleber ausgestellt.

Die Produktkennung ist: 9789403788319

Der Autor ist für den Inhalt des Buches verantwortlich, ist Herausgeber der Werke und trägt die volle Verantwortung dafür.

Das Buch wurde über Bookmundo produziert. Bookmundo ermöglicht es jedem Autor, seine Geschichten über gedruckte Bücher und E-Books und ein breites Vertriebsnetz mit dem Rest der Welt zu teilen.

Bookmundo fungiert als Vermittler bei Sicherheitsfragen und richtet diese an den Drucker/Autor. Sollten Sie Fragen zur Sicherheit des Produkts haben, kontaktieren Sie uns bitte.

Bookmundo
Delftsestraat 33
3013AE Rotterdam
Die Niederlande
info@bookmundo.com

FSC
www.fsc.org
MIX
Papier | Fördert
gute Waldnutzung
FSC® C083411

Zeitfracht Medien GmbH
Ferdinand-Jühlke-Straße 7
99095 Erfurt, Deutschland
produktsicherheit@kolibri360.de